# Nathan live
# Qu'est-ce que c'est ?

Grâce à la nouvelle appli **Nathan live**, accédez au fil des pages à tous les audios et vidéos élève !

→ **Une nouvelle expérience d'apprentissage vivante, immédiate et gratuite !**

## COMMENT FAIRE ? C'EST FACILE !

1. Téléchargez l'application gratuite **Nathan live** disponible dans tous les stores sur votre smartphone ou votre tablette (Appstore, GooglePlay).
2. Ouvrez l'application. Flashez les pages de votre manuel où ce logo apparaît en plaçant votr… de la page. Visionnez ou…

(!) L'application nécessi…

W0337762

**En flashant les pages**

▶ Tous les audios et vidéos élève !

VIDÉO **Regardez les vidéos**

MP3 **Écoutez les audios**

Picto **Nathan live** live! indiquant que la page est flashable

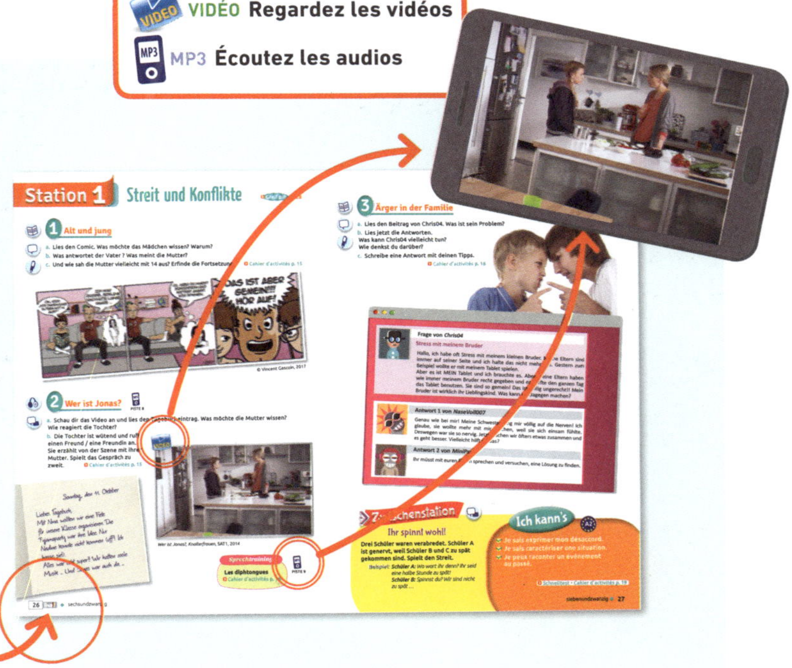


→ **Les vidéos et audios élève restent également accessibles via le site compagnon de la méthode**

# GUTE FAHRT! 2 Neu

Allemand
A2 > A2+


Collection dirigée par

**Jean-Pierre BERNARDY**
Inspecteur Pédagogique Régional honoraire

**Anne-Laure BOULY**
Professeure agrégée
Collège Georges Duhamel, Paris

**Catherine CREUX**

**Delphine DUCHESNE**
Professeure certifiée
Collège Elsa Triolet, Saint-Denis (93)

**Franziska-Luise GÜNTHER**
Professeure certifiée
Collège Jean Moulin, Aubervilliers (93)

**Camille LARDIÈRE**
Professeure certifiée
Lycée Gustave Eiffel, Gagny (93)

**Sophie PONCHON**
Professeure certifiée
Collège Raymond Poincaré, La Courneuve (93)

Avec la contribution d'**Éric REGNIER**
Professeur agrégé d'éducation musicale
Collège les Prunais, Villiers-sur-Marne (94)



Nathan

## Niveaux du CECRL et nouveaux programmes

La 2e année vise la consolidation et le renforcement du niveau A2.
À l'issue du cycle 4, en classe de 3e, pour la LV2, l'élève devra avoir atteint le niveau A2 dans plusieurs activités langagières. En LV1, il devra avoir validé le niveau A2 dans l'ensemble des activités langagières et progressé vers le niveau B1.

| | ÉCOUTER ET COMPRENDRE | LIRE ET COMPRENDRE | RÉAGIR ET DIALOGUER | PARLER EN CONTINU | ÉCRIRE ET REAGIR À L'ÉCRIT |
|---|---|---|---|---|---|
| **A1** | Peut comprendre des mots familiers et des expressions courantes sur lui-même, sa famille et son environnement. | Peut comprendre des textes courts et très simples, phrase par phrase, en relevant des noms, des mots familiers et des expressions très élémentaires et en relisant si nécessaire. | Peut interagir brièvement dans des situations déjà connues en utilisant des mots et expressions simples et avec un débit lent. | Peut produire des expressions simples, isolées, sur les gens et les choses. | Peut écrire des expressions et phrases simples isolées. |
| **A2** | Peut comprendre une intervention brève si elle est claire et simple. | Peut comprendre de courts textes simples sur des sujets concrets courants avec une fréquence élevée de langue quotidienne. | Peut interagir avec une aisance raisonnable dans des situations bien structurées et de courtes conversations à condition que le locuteur apporte de l'aide le cas échéant. | Peut décrire ou présenter simplement des gens, des conditions de vie, des activités quotidiennes, ce qu'on aime ou pas, par de courtes séries d'expressions ou de phrases. | Peut écrire une série d'expressions et de phrases simples reliées par des connecteurs simples tels que « et », « mais » et « parce que ». |

**Les programmes sont en lien avec les cinq domaines du Socle commun :**

Domaine 1 Les langages pour penser et communiquer
Domaine 2 Les méthodes et outils pour apprendre
Domaine 3 La formation de la personne et du citoyen
Domaine 4 Les systèmes naturels et les systèmes techniques
Domaine 5 Les représentations du monde et l'activité humaine

Édition : **Petra Treuer**
Iconographie : **Electron Libre, Any-Claude Medioni**
Illustrateurs : **Laurent Audouin, Philippe Chauvet**
Conception de la maquette : **Véronique Lefebvre**
Mise en pages : **La papaye verte**
Conception de la couverture : **Grégoire Bourdin**
Cartographie : **Philippe Chauvet**


ISBN 978.2.09.178041.2

# Bienvenue dans GUTE FAHRT! 2 Neu

Avec GUTE FAHRT! 2 Neu, tu vas poursuivre ton apprentissage de l'allemand et progresser vers le niveau A2 du ***Cadre européen***. Pour atteindre cet objectif, toutes sortes de situations et de documents te permettront de t'entraîner à écouter, à lire et à comprendre. Tout en développant tes capacités en compréhension, tu apprendras progressivement à réemployer un certain nombre de faits de langue, à l'écrit comme à l'oral, et tu pourras consolider et enrichir le vocabulaire et les structures grammaticales dont tu as besoin pour communiquer, de façon simple, mais cohérente.

Mais la compréhension et l'expression en langue étrangère, ce n'est pas seulement une affaire de mots et de grammaire. Aussi GUTE FAHRT! 2 Neu va-t-il poursuivre avec toi le voyage entrepris l'an dernier pour aller à la rencontre de jeunes germanophones de ton âge et découvrir en quoi leur façon de vivre et de penser est proche ou différente de la tienne.

L'apprentissage de l'allemand, comme celui de toutes les disciplines étudiées au collège, participe également à l'acquisition de connaissances et de compétences plus larges, celles du **Socle commun de connaissances, de compétences et de culture**, qui constitue l'objectif à atteindre à la fin de la scolarité au collège. GUTE FAHRT! 2 Neu s'inscrit pleinement dans cette perspective et te propose ainsi :

– **un accompagnement méthodologique**, en t'aidant à bien identifier les objectifs poursuivis (*Je vais apprendre à…*), à faire un bilan régulier de tes acquis (*Ich kann's*, *Mon bilan de compétences*, *Schnelltest* du cahier d'activités), à acquérir des méthodes et des stratégies qui te rendront plus autonome (*Lernen zu lernen*). Pense également à te reporter au mémento grammatical et au lexique en fin de manuel et à utiliser les enregistrements des dialogues et les exercices de prononciation (*Sprechtraining*) auxquels tu as accès avec l'appli Nathan live! ou sur collegien.nathan.fr/gf2neu.

– **une approche interdisciplinaire** en t'invitant à établir des liens entre l'allemand, le français et les autres langues, mais aussi à travers un dossier EPI sur la musique.

– **des activités à réaliser en groupe**, en adoptant une démarche de projet et en utilisant les outils numériques (*Gruppenpuzzle*, *Unser Projekt*).

– des activités qui peuvent s'inscrire dans les différents parcours et enseignements transversaux mis en place au collège : **Parcours citoyen** et **Éducation aux médias et à l'information** (*Miteinander*), **Parcours d'éducation artistique et culturelle** (*Kunstfeuilleton*).

Te voilà donc prêt(e) à poursuivre avec nous ce voyage à travers la langue allemande et les pays germanophones ! *Wir wünschen dir weiterhin **Gute Fahrt**!*

Les auteurs

# PRÉSENTATION DU MANUEL

**Les activités langagières**

Écouter et comprendre

Lire et comprendre

## Structure d'une unité

### En début d'unité

- Un document pour rentrer dans la thématique de l'unité
- Ce que tu vas apprendre
- Ce que tu pourras faire en fin d'unité → **Unser Projekt**

### 2 *Stationen*

- Une grande variété de **documents** (vidéos, audio, textes) pour découvrir les nouvelles structures
- **Plusieurs activités langagières** travaillées
- Un point de **phonologie** pour t'entraîner à bien prononcer

- ***Zwischenstation***
  Une activité bilan pour t'entraîner avant la production de fin d'unité
- ***Ich kann's***
  Un bilan des acquis de la *Station*

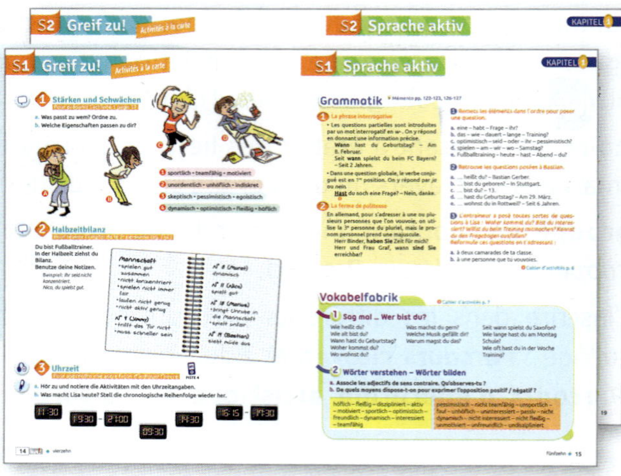


### *Greif zu!*

- Des activités à la carte pour **préparer** ou **consolider** celles de la *Station*

### *Sprache aktiv*

- Le **bilan grammatical** de la *Station* et des exercices
- Le **bilan lexical** de la *Station* et des **activités interlangues**

### *Gruppenpuzzle*

- Des **documents** pour découvrir le monde germanophone
- Des **activités de groupe**

Parler en continu

Réagir et dialoguer

Écrire et réagir à l'écrit

## Les logos utilisés

Cahier d'activités p. 5
Renvoi au Cahier d'activités

MP3 PISTE 1
Audio élève

Classe
Audio classe

VIDEO
Vidéos sur manuel numérique

Parcours citoyen
Éducation aux valeurs de respect

Parcours artistique
Éducation à l'art

DVD classe
Vidéos classe

## Les rubriques récurrentes

→ *Vokabeln*
Aide à l'expression

→ *Sprechtraining*
Entraînement à la prononciation et à l'accentuation

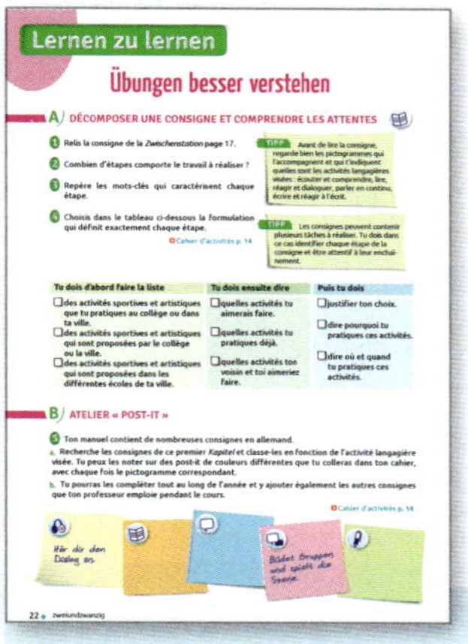


### *Lernen zu lernen*

- Des **méthodes** pour mieux apprendre et gagner en autonomie
- Des **ateliers** d'application immédiate

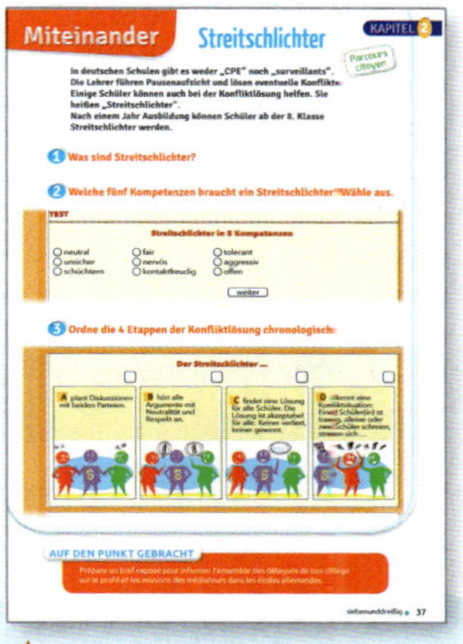


### *Miteinander*

- Des **documents** pour apprendre le **respect** des autres et la **citoyenneté**
- Une tâche simple de médiation

### *Kunstfeuilleton*

- Une **œuvre d'art** présentée dans un grand visuel
- La présentation de **l'artiste** ou de l'œuvre
- Des **consignes pour s'exprimer** sur l'œuvre de façon simple
- Une micro-tâche artistique

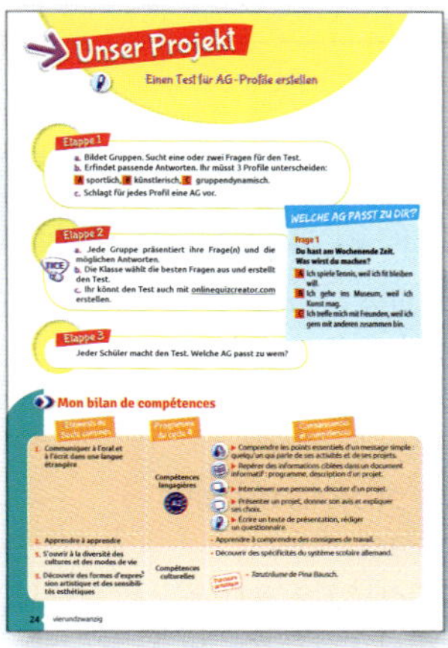


### En fin d'unité

- Une **réalisation concrète**, à faire en fin de parcours avec un prolongement TICE
- Un **bilan** pour faire le point sur les compétences travaillées et les connaissances acquises

### En fin de manuel

- 1 dossier **EPI** pour pratiquer l'allemand dans le cadre d'un **projet interdisciplinaire**
- Des pages ***Lektüre***
- Un **mémento grammatical**
- Un **lexique allemand-français**

# Sommaire

A2 → A2+

| Grammaire | Compétences culturelles | Projet |
| --- | --- | --- |
| • La phrase interrogative<br>• La place du verbe conjugué dans la phrase<br>• La forme de politesse<br>• L'expression du futur avec *werden*<br>• La proposition subordonnée introduite par *weil*<br>**Sprechtraining**<br>• L'accent de mot<br>• Voyelles longues ou brèves ? | Gruppenpuzzle<br>Neue Begegnungen VIDEO<br>Kunstfeuilleton Parcours artistique<br>Tanzträume VIDEO | Unser Projekt<br>Einen Test für AG-Profile erstellen |
| • Les déterminants possessifs<br>• Les pronoms personnels à l'accusatif<br>• Le prétérit<br>• La proposition subordonnée introduite par *dass*<br>**Sprechtraining**<br>• Les diphtongues<br>• L'accent de phrase | Gruppenpuzzle<br>Das doppelte Lottchen VIDEO<br>Miteinander<br>Streitschlichter Parcours citoyen | Unser Projekt<br>Ein Liebeslied schreiben |
| • L'adjectif épithète<br>• Le superlatif de l'adjectif épithète<br>• Le parfait<br>• La proposition subordonnée introduite par *wenn*<br>**Sprechtraining**<br>• [b] ou [p], [d] ou [t], [g] ou [k]<br>• Les mots composés | Gruppenpuzzle<br>Neues Leben für alte Gebäude VIDEO<br>Kunstfeuilleton Parcours artistique<br>East Side Gallery | Unser Projekt<br>Mit Hilfe einer Fotomontage sein Stadtviertel verschönern |
| • Les groupes indéfinis<br>• La proposition infinitive de but<br>• Les pronoms personnels au datif<br>• Les pronoms réfléchis<br>• Le verbe *sollen*<br>**Sprechtraining**<br>• [x], [ç] ou [ʃ]<br>• [s], [z] ou [ts] | Gruppenpuzzle<br>Die Deutschen: ein Herz für Tiere VIDEO<br>Miteinander Parcours citoyen<br>Solidarisch sein | Unser Projekt<br>An einer Debatte teilnehmen |

| Grammaire | Compétences culturelles | Projet |
|---|---|---|
| • Le comparatif<br>• Le superlatif de l'adverbe<br>• L'interrogative indirecte<br>• Le prétérit des verbes faibles<br>**Sprechtraining**<br>• « h » en début de mot : [h]<br>• Le son [ŋ] | Gruppenpuzzle<br>Festivals von Nord nach Süd VIDEO<br>Kunstfeuilleton Parcours artistique<br>*Mozart!* Das Musical VIDEO | Unser Projekt<br>Eine Sendung zum Thema „Musikgeschmack" machen |
| • Le complément du nom<br>• Les quantificateurs<br>• L'adjectif épithète<br>• La proposition subordonnée infinitive<br>**Sprechtraining**<br>• « e » / « en » en fin de mot<br>• [j], [ʒ] ou [dʒ] | Gruppenpuzzle<br>Eine Nachricht – vier Meinungen VIDEO<br>Miteinander EMI<br>Vorsicht! Ente! | Unser Projekt<br>Die Titelseite für eine Schülerzeitung erstellen |
| • Le parfait (2)<br>• Le subjonctif 2<br>**Sprechtraining**<br>• L'accentuation des préverbes (séparables / inséparables)<br>• [ɛ] ou [ə] | Gruppenpuzzle<br>VIDEO<br>Kultobjekte aus den DACH-Ländern<br>Kunstfeuilleton Parcours artistique<br>Nosferatu VIDEO | Unser Projekt<br>Ein Speeddating mit Stars organisieren |

**Projet interdisciplinaire**

Choisir ou créer une scène de théâtre et la mettre en musique.

**Matières concernées**

Allemand – Éducation musicale – Histoire des arts – Français

Unser Projekt

Ein deutsches Gedicht inszenieren und visuell darstellen

# Nützliche Ausdrücke

### Grüßen und sich verabschieden

- Hallo! / Guten Morgen! / Guten Tag! / Guten Abend!
- Kann ich dich / Sie sprechen?
- Entschuldigung! / Entschuldigen Sie!
- Wie geht es dir? / Wie geht es Ihnen?
- Kannst du bitte … / Könntest du bitte … / Könnten Sie bitte … ?
- Tschüs! / Bis bald! / Mach's gut! / Bis später! / Auf Wiedersehen!

### Etwas vorschlagen

- Ich schlage dir / Ihnen vor, …
- Hättest du / Hätten Sie Lust, …
- Wie wär's, wenn …?
- Wir könnten …
- Wir sollten …

### Seine Meinung äußern

- Ich meine / ich denke, dass …
- Meiner Meinung nach …
- Für mich ist … (sehr, wenig, nicht) wichtig.

### Nuancieren

- Vielleicht …
- Ja, vielleicht, aber …
- Wahrscheinlich …
- Es kann / könnte sein, dass …

### Einverstanden sein

- Das denke ich auch.
- Das ist möglich.
- Das stimmt.
- Das ist richtig.
- Er / sie hat sicher Recht.
- Ja klar!

### Nicht einverstanden sein

- Das glaube ich nicht!
- Damit bin ich gar nicht einverstanden.
- Da bin ich anderer Meinung.
- Das ist nicht wahr.
- Es stimmt nicht.

### Positiv reagieren

- Das ist eine prima Idee. / Tolle Idee!
- Das ist ja toll!
- Das mag ich gern!
- Die Idee ist nicht schlecht!
- Aber sehr gern!
- Super!
- Ja, warum nicht?

### Negativ reagieren

- Nein, dazu habe ich keine Lust.
- Das finde ich langweilig.
- Das gefällt mir nicht.
- Ich mag das gar nicht.
- Ich interessiere mich nicht dafür.

### Nachfragen

- Was meinst du / meinen Sie?
- Was sagst du / sagen Sie dazu?
- Was meinst du / meinen Sie damit?
- Was willst du / wollen Sie damit sagen?
- Es tut mir leid. Ich habe Sie nicht verstanden.
- Kannst du / Können Sie bitte wiederholen / lauter sprechen?
- Was hältst du / halten Sie von … (+ D)?
- Wie denkst du / denken Sie darüber?

KAPITEL 1

# Neues Jahr – neue Pläne

## Je vais apprendre à…

- comprendre une personne qui se présente et qui parle de ses activités.
- repérer des éléments pertinents dans un texte informatif.
- demander des renseignements à quelqu'un.
- discuter d'un programme, d'un projet.
- exprimer et justifier un choix.
- comprendre des consignes de travail.

## Je vais découvrir…

- un joueur de football allemand.
- quelques spécificités des écoles allemandes.
- une chorégraphie de Pina Bausch.

## Unser Projekt

Einen Test für AG-Profile erstellen

# Station 1 Schulanfang mal anders

Greif zu! p. 14

## 1 Fußballklasse

**a.** Lies die Webseite. Finde im Text Informationen über die Fußballklasse (wie oft, wann ...).
**b.** Welche Eigenschaften müssen die Schüler für die Fußballklasse haben?
**c.** Du willst mitmachen. Schreibe eine Mail an den Sportlehrer (Name, Alter, Eigenschaften ...).

Cahier d'activités p. 4

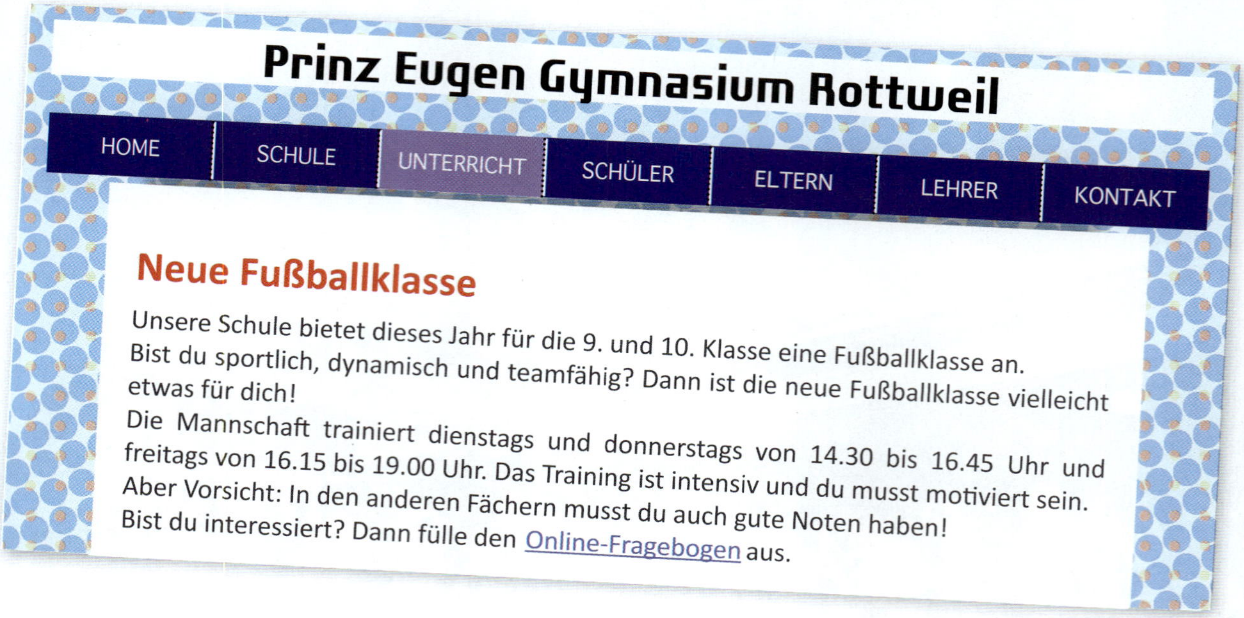
**Prinz Eugen Gymnasium Rottweil**

HOME | SCHULE | UNTERRICHT | SCHÜLER | ELTERN | LEHRER | KONTAKT

### Neue Fußballklasse

Unsere Schule bietet dieses Jahr für die 9. und 10. Klasse eine Fußballklasse an. Bist du sportlich, dynamisch und teamfähig? Dann ist die neue Fußballklasse vielleicht etwas für dich!

Die Mannschaft trainiert dienstags und donnerstags von 14.30 bis 16.45 Uhr und freitags von 16.15 bis 19.00 Uhr. Das Training ist intensiv und du musst motiviert sein. Aber Vorsicht: In den anderen Fächern musst du auch gute Noten haben! Bist du interessiert? Dann fülle den Online-Fragebogen aus.

## 2 Kimmich kommt!

MP3 PISTE 1

**a.** Hör dir den Dialog an. Welche Fragen möchten die Schüler Kimmich stellen?
**b.** Formuliere diese Fragen in der Sie-Form. Lies die Informationen über Joshua Kimmich unten und formuliere neue Fragen.
**c.** Bildet Gruppen und spielt die Szene. Schüler 1 spielt Joshua Kimmich, Schüler 2 und 3 stellen Fragen.

Cahier d'activités p. 4

**Vokabeln**

- du sagen = duzen
≠ ≠
- Sie sagen = siezen

**Joshua Kimmich**
**Geburtsdatum:** 8. Februar 1995
**Geburtsort:** Rottweil (Baden-Württemberg)
**Größe:** 1,76 m
**Trikotnummer in der Nationalmannschaft:** 18
**Position:** Mittelfeld

***Sprechtraining***

**L'accent de mot**

Cahier d'activités p. 5

MP3 PISTE 2

## 3 Wer macht was in der Schule?

MP3 PISTE 3

**a.** Hör zu und notiere die Fragen des Schülers. Stell dann den Hausmeister vor.
**b.** Bildet Zweiergruppen und lest die Steckbriefe. Spielt dann die Interviews.

Cahier d'activités p. 5

**Die Direktorin**
Frau Hammer
Direktorin seit 4 Jahren
45 Jahre alt
Raum 2

**Der neue Lehrer**
Herr Bamberger
Geschichte und Deutsch
Aus Fulda
32 Jahre alt

**Die Sekretärin**
Frau Cavallo-Fischer
29 Jahre alt
Von 7.30 bis 13.15 Uhr erreichbar
Raum 3

### Vokabeln

• Es ist neun Uhr.

• Es ist halb elf.

• Es ist Viertel nach 4.

• Es ist Viertel vor 7.

## Zwischenstation

### Fragebogen für die Austauschpartner

Ihr habt eine neue Partnerklasse in Deutschland und wollt die Schüler besser kennenlernen. Erstellt in Gruppen einen Fragebogen.

## Ich kann's

A2

- Je sais identifier des informations sur une page web.
- Je comprends quelqu'un qui parle de ses activités.
- Je peux lui poser des questions à ce propos.

Schnelltest • Cahier d'activités p. 8

# S1 Greif zu! Activités à la carte

## 1 Stärken und Schwächen

Pour préparer l'activité 1 page 12

**a.** Was passt zu wem? Ordne zu.

**b.** Welche Eigenschaften passen zu dir?

A

B

C

D

1 sportlich • teamfähig • motiviert

2 unordentlich • unhöflich • indiskret

3 skeptisch • pessimistisch • egoistisch

4 dynamisch • optimistisch • fleißig • höflich

## 2 Halbzeitbilanz

Pour réviser l'emploi de la 2ᵉ personne (sg. / pl.)

Du bist Fußballtrainer.
In der Halbzeit ziehst du Bilanz.
Benutze deine Notizen.

**Beispiel:** *Ihr seid nicht konzentriert.*
*Nico, du spielst gut.*

## 3 Uhrzeit

Pour apprendre une autre façon d'indiquer l'heure

MP3 PISTE 4

**a.** Hör zu und notiere die Aktivitäten mit den Uhrzeitangaben.

**b.** Was macht Lisa heute? Stell die chronologische Reihenfolge wieder her.

## Grammatik

› Mémento pp. 122-123, 126-127

### 1 La phrase interrogative

• Les questions partielles sont introduites par un mot interrogatif en *w-*. On y répond en donnant une information précise.

**Wann** hast du Geburtstag? – Am 8. Februar.
Seit **wann** spielst du beim FC Bayern? – Seit 2 Jahren.

• Dans une question globale, le verbe conjugué est en 1^re^ position. On y répond par *ja* ou *nein*.

**Hast** du noch eine Frage? – Nein, danke.
1

### 2 La forme de politesse

En allemand, pour s'adresser à une ou plusieurs personnes que l'on vouvoie, on utilise la 3^e^ personne du pluriel, mais le pronom personnel prend une majuscule.

Herr Binder, **haben Sie** Zeit für mich?
Herr und Frau Graf, wann **sind Sie** erreichbar?

**1 Remets les éléments dans l'ordre pour poser une question.**

a. eine – habt – Frage – ihr?
b. das – wie – dauert – lange – Training?
c. optimistisch – seid – oder – ihr – pessimistisch?
d. spielen – am – wir – wo – Samstag?
e. Fußballtraining – heute – hast – Abend – du?

**2 Retrouve les questions posées à Bastian.**

a. … heißt du? – Bastian Gerber.
b. … bist du geboren? – In Stuttgart.
c. … bist du? – 13.
d. … hast du Geburtstag? – Am 29. März.
e. … wohnst du in Rottweil? – Seit 6 Jahren.

**3 L'entraîneur a posé toutes sortes de questions à Lisa : *Woher kommst du? Bist du interessiert? Willst du beim Training mitmachen? Kannst du den Fragebogen ausfüllen?* Reformule ces questions en t'adressant :**

a. à deux camarades de ta classe.
b. à une personne que tu vouvoies.

› Cahier d'activités p. 6

## Vokabelfabrik

› Cahier d'activités p. 7

### 1 Sag mal … Wer bist du?

Wie heißt du?
Wie alt bist du?
Wann hast du Geburtstag?
Woher kommst du?
Wo wohnst du?

Was machst du gern?
Welche Musik gefällt dir?
Warum magst du das?

Seit wann spielst du Saxofon?
Wie lange hast du am Montag Schule?
Wie oft hast du in der Woche Training?

### 2 Wörter verstehen – Wörter bilden

**a. Associe les adjectifs de sens contraire. Qu'observes-tu ?**
**b. De quels moyens dispose-t-on pour exprimer l'opposition positif / négatif ?**

höflich – fleißig – diszipliniert – aktiv – motiviert – sportlich – optimistisch – freundlich – dynamisch – interessiert – teamfähig

pessimistisch – nicht teamfähig – unsportlich – faul – unhöflich – uninteressiert – passiv – nicht dynamisch – nicht interessiert – nicht fleißig – unmotiviert – unfreundlich – undiszipliniert

# Station 2 Neues ausprobieren

Greif zu! p. 18

## 1 AG-Programm

MP3 PISTE 5

a. Lies die drei Anzeigen. Was werden die Teilnehmer dieser AGs machen?

b. Hör dir den Dialog an. Welche AGs wählen Serat, Lea und Marlene? Finde die Argumente für und gegen jede AG.

c. Und du? Für welche AG interessierst du dich? Warum?

Cahier d'activités p. 9

**Sprechtraining**

Voyelles longues ou brèves ?

Cahier d'activités p. 10

MP3 PISTE 6

## 2 Gute Vorsätze für die Woche

a. Bildet Gruppen und spielt mit einem Würfel. Wie lautet dein Vorsatz?

**Beispiel:** *Ich werde …*

b. Und dein Nachbar / deine Nachbarin?

**Beispiel:** *Er / sie wird …*

c. Welche Vorsätze findest du nützlich? Welche nicht? Warum?

Cahier d'activités p. 10

## Zwischenstation

### Mein Freizeitprogramm

a. Mach eine Liste der sportlichen und künstlerischen Aktivitäten an deiner Schule oder in deiner Stadt.

b. Was möchtest du gern machen? Warum?

## Ich kann's

A2

- Je peux discuter d'un projet.
- Je sais expliquer et justifier mes choix.
- Je peux m'engager à faire quelque chose.

Schnelltest • Cahier d'activités p. 13

## 1 Was und wann?

Pour réviser la construction de la phrase déclarative

**Was macht Charlotte wann? Verbinde die Aktivitäten mit den Zeitangaben. Du hast die Wahl!**

- Ende Juli
- Um halb 10
- Heute
- Morgen
- Am 15. September
- Im Winter
- Vor der Schule

- wieder Schule haben
- mit der Klasse ins Museum gehen
- einen dicken Pulli anziehen
- Ferien haben
- eine Viertelstunde meditieren
- eine Klassenarbeit schreiben
- den Klassenlehrer sprechen müssen

## 2 Interessiert oder nicht?

MP3 PISTE 7

Pour préparer l'activité 1 page 16

**a. Hör gut zu. Kannst du erkennen, ob die Person interessiert ist oder nicht?**

1. Oh … Dazu habe ich keine Lust.
2. Das finde ich total genial!
3. Das gefällt mir überhaupt nicht.
4. Ich mag diese Idee.
5. Das klingt gut!
6. Das ist nicht so mein Ding.
7. Das ist mir echt total egal.
8. Da bin ich dabei!
9. Ich finde das nicht so toll.
10. Oh ja, da mach ich gern mit!

**b. Und du? Wie findest du folgende AGs?**

Yoga-AG Roboter-AG Koch-AG Koreanisch-AG

Fußball-AG Origami-AG Tanz-AG

Theater-AG Tennis-AG

# S2 Sprache aktiv

## Grammatik

Mémento pp. 122-124, 129

### 1 La place du verbe conjugué dans la phrase

• Dans **la phrase déclarative simple**, le verbe conjugué est toujours placé en 2e position.

Ich (1) **finde** (2) die Zirkus-AG super.

Diese Idee (1) **finde** (2) ich super.

• Dans **la subordonnée**, le verbe conjugué occupe la dernière position.

Ich habe keine Lust auf die Zirkus-AG, **weil** ich nicht so sportlich **bin**.

### 2 L'expression du futur avec *werden*

*Werden* suivi d'un infinitif permet d'exprimer le futur.

Dieses Jahr **werde** ich jeden Tag **joggen**.

| | |
|---|---|
| ich werde | wir werden |
| du **wirst** | ihr werdet |
| er/sie/es **wird** | sie/Sie werden |

**1 Jana parle de sa semaine avec une amie. Réécris chaque phrase en la commençant par un des compléments ci-dessous :**

*in der Zirkus-AG – morgen Abend – freitags um 15 Uhr – Dienstagmittag – am Wochenende – mit dem Deutschlehrer*

a. Ich gehe mit Hannah und Ben auf ein Konzert.
b. Wir wollen am Mittwoch Einrad fahren.
c. Wir gehen am Freitagabend ins Theater.
d. Ich habe Kunst-AG.
e. Wir bereiten mit dem Klassenlehrer eine Ausstellung *vor*.
f. Ich kann mit dir in der Mensa essen.

**2 Formule les bonnes résolutions prises par chacun.**

a. jeden Abend eine Stunde lesen (Anna)
b. ihre Hausaufgaben immer machen (Pedro und Sascha)
c. jede Woche ins Schwimmbad gehen (ich)
d. im Unterricht besser *zu*hören (wir)
e. immer optimistisch sein (der Lehrer)

Cahier d'activités p. 11

## Vokabelfabrik

Cahier d'activités p. 12

### 1 Hast du Lust dazu?

**Ja!**

Genial! Super! Wie schön! Einfach großartig!
Das mag ich sehr.
Das gefällt mir sehr.
Das finde ich total aufregend!
Das klingt super.
Das mache ich gern.
Da mache ich *mit*.

**Nein!**

Wie doof! / Das ist doch blöd!
Ich habe keine Lust.
Das mag ich gar nicht.
Das gefällt mir nicht so sehr.
Das finde ich nicht so toll.
Das ist nicht so mein Ding.
Ich möchte lieber …

### 2 Wörter verstehen – Wörter bilden

spielen
- das Spiel(e) — das Kartenspiel, die Spielkarte(n)
- Theater spielen, am Computer spielen, gegen Borussia Dortmund spielen
- der Spieler(-) / die Spielerin(nen) — der Fußballspieler / die Fußballspielerin

**a. Observe cet associogramme et complète-le avec les mots et expressions que tu connais.**
**b. Compare la formation et le sens des mots *das Kartenspiel* et *die Spielkarte*.**
**c. Sur le modèle *spielen* → *das Spiel* → *der Spieler / die Spielerin*, forme des mots à partir des verbes *arbeiten* et *tanzen*.**

# Gruppenpuzzle

## Neue Begegnungen

**IN GRUPPEN**

**a.** Bildet drei Gruppen. Jede Gruppe befasst sich mit einem Beitrag und beantwortet die Fragen.

**b.** Jede Gruppe stellt ihre Ergebnisse der Klasse vor.

**c.** Erfindet eine kleine Theaterszene mit dem Titel „Ankunft eines neuen Schülers / einer neuen Schülerin".

**d.** Spielt dann die Szene.

### 1 Neue Klasse

**a.** Lest den Text. Auf welche Fragen antwortet Miriam im Freundschaftsbuch? Auf welche antwortet sie nicht?

**b.** Was erfahrt ihr über Miriam?

*Ein neues Schuljahr beginnt für Miriam. Jeder Schüler aus der neuen Klasse muss seine persönliche Seite im Freundschaftsbuch ausfüllen. Miriam ist jetzt dran …*

Name
Adresse
Geburtstag
Geburtsort
Größe
Gewicht
Hobbys
Lieblingsgetränk
Lieblingsessen
Lieblingsfilm
Lieblingslied
Lieblingsstar
Freunde
Das mag ich
Das mag ich nicht
Das wünsche ich dir
Name
Mein Name ist Miriam.
Alter, Geburtstag, Ort
Ich bin 15 Jahre alt. Fünfzehn.
Adresse
Die Stadt, in der ich wohne, ist hübsch und klein, im Sommer kommen Touristen, um sich die Kirche und die alte Burg anzuschauen und durch die alten Gassen zu spazieren. Im Sommer ist es hier schön. (…)
Im Winter ist die Stadt zu klein und friert ein. (…) Ich bin kein Wintermensch. Ich bin Miriam. 15. Blond. Braune Augen. 1,62 m, 59 kg oder auch nicht. (…)
Was mag ich und was nicht?
Lieblings…, Lieblings…
Ich bin unsportlich. Ich bin faul, sagt Mama. Ich bin nicht blöd, sagt der Mathelehrer. Manchmal bin ich so. Und manchmal bin ich doch anders.

Aus: Tamara Bach, *Marsmädchen*

## 2 Neue Familie

a. Hört euch das Interview an. Wer ist Sören? Was hat er vor?

b. Wie fühlt er sich? Warum?

## Brigitte-Sauzay-Programm

Mit dem Brigitte-Sauzay-Programm können deutsche Schüler (8. bis 11. Klasse) und französische Schüler (4$^{e}$ bis 1$^{re}$) 3 Monate bei einem Austauschpartner im anderen Land verbringen und den Unterricht in der französischen bzw. deutschen Schule besuchen.

Mehr Informationen auf der Homepage vom Deutsch-Französischen Jugendwerk (www.dfjw.org).

## 3 Neue Schule

a. Schaut euch das Video an. Was erfahrt ihr über den Jungen?

b. Was für eine Schule besucht er vielleicht?

c. Wie fühlt er sich? Warum wohl?

*Crazy*, Universum Film GmbH, 2000

# Lernen zu lernen

# Übungen besser verstehen

## A) DÉCOMPOSER UNE CONSIGNE ET COMPRENDRE LES ATTENTES

**1** Relis la consigne de la *Zwischenstation* page 17.

**2** Combien d'étapes comporte le travail à réaliser ?

**3** Repère les mots-clés qui caractérisent chaque étape.

**4** Choisis dans le tableau ci-dessous la formulation qui définit exactement chaque étape.

Cahier d'activités **p. 14**

**TIPP** Avant de lire la consigne, regarde bien les pictogrammes qui l'accompagnent et qui t'indiquent quelles sont les activités langagières visées : écouter et comprendre, lire, réagir et dialoguer, parler en continu, écrire et réagir à l'écrit.

**TIPP** Les consignes peuvent contenir plusieurs tâches à réaliser. Tu dois dans ce cas identifier chaque étape de la consigne et être attentif à leur enchaînement.

| Tu dois d'abord faire la liste | Tu dois ensuite dire | Puis tu dois |
|---|---|---|
| ☐ des activités sportives et artistiques que tu pratiques au collège ou dans ta ville. | ☐ quelles activités tu aimerais faire. | ☐ justifier ton choix. |
| ☐ des activités sportives et artistiques qui sont proposées par le collège ou la ville. | ☐ quelles activités tu pratiques déjà. | ☐ dire pourquoi tu pratiques ces activités. |
| ☐ des activités sportives et artistiques qui sont proposées dans les différentes écoles de ta ville. | ☐ quelles activités ton voisin et toi aimeriez faire. | ☐ dire où et quand tu pratiques ces activités. |

## B) ATELIER « POST-IT »

**5** Ton manuel contient de nombreuses consignes en allemand.

**a.** Recherche les consignes de ce premier *Kapitel* et classe-les en fonction de l'activité langagière visée. Tu peux les noter sur des post-it de couleurs différentes que tu colleras dans ton cahier, avec chaque fois le pictogramme correspondant.

**b.** Tu pourras les compléter tout au long de l'année et y ajouter également les autres consignes que ton professeur emploie pendant le cours.

Cahier d'activités **p. 14**

# Tanzträume



Parcours artistique

**1** Sieh dir das Foto an. Was machen die Jugendlichen vielleicht? Formuliere Hypothesen.

**2** Schau dir den Trailer an.

**a.** Sind deine Hypothesen richtig? Wer sind diese Jugendlichen?

**b.** Wie fühlen sich die Jugendlichen am Anfang? Und dann?

VIDEO

*Tanzträume*, Real Fiction, 2009

**Pina Bausch**
1940-2009

Pina Bausch ist eine deutsche Choreografin. Sie beginnt als Tänzerin und wird dann Direktorin ihrer Kompanie „Tanztheater Wuppertal". Ihre Tanzstücke integrieren Pantomime, Sprache und Alltagsgesten. 2008 bringt sie ihr Stück *Kontakthof* (1978) mit Schülern zwischen 14 und 18 Jahren auf die Bühne. Die Jugendlichen tanzen zum ersten Mal.

**SPIEL DEN CHOREOGRAFEN!**

Denkt euch eine Szene mit Musik zum Thema „Neu in der Gruppe" aus. Versucht, diese Szene zu tanzen.
Ihr könnt auch eine Pantomime machen.

# Unser Projekt

## Einen Test für AG-Profile erstellen

### Etappe 1

a. Bildet Gruppen. Sucht eine oder zwei Fragen für den Test.
b. Erfindet passende Antworten. Ihr müsst 3 Profile unterscheiden:
A sportlich, B künstlerisch, C gruppendynamisch.
c. Schlagt für jedes Profil eine AG vor.

### Etappe 2

TICE

a. Jede Gruppe präsentiert ihre Frage(n) und die möglichen Antworten.
b. Die Klasse wählt die besten Fragen aus und erstellt den Test.
c. Ihr könnt den Test auch mit onlinequizcreator.com erstellen.

### WELCHE AG PASST ZU DIR?

**Frage 1**

**Du hast am Wochenende Zeit. Was wirst du machen?**

A Ich spiele Tennis, weil ich fit bleiben will.
B Ich gehe ins Museum, weil ich Kunst mag.
C Ich treffe mich mit Freunden, weil ich gern mit anderen zusammen bin.

### Etappe 3

Jeder Schüler macht den Test. Welche AG passt zu wem?

## Mon bilan de compétences

| Éléments du Socle commun | Programme du cycle 4 | Connaissances et compétences |
| --- | --- | --- |
| 1. Communiquer à l'oral et à l'écrit dans une langue étrangère | Compétences langagières (A2) | ▶ Comprendre les points essentiels d'un message simple : quelqu'un qui parle de ses activités et de ses projets.<br>▶ Repérer des informations ciblées dans un document informatif : programme, description d'un projet.<br>▶ Interviewer une personne, discuter d'un projet.<br>▶ Présenter un projet, donner son avis et expliquer ses choix.<br>▶ Écrire un texte de présentation, rédiger un questionnaire. |
| 2. Apprendre à apprendre | | • Apprendre à comprendre des consignes de travail. |
| 5. S'ouvrir à la diversité des cultures et des modes de vie | Compétences culturelles | • Découvrir des spécificités du système scolaire allemand. |
| 5. Découvrir des formes d'expression artistique et des sensibilités esthétiques | | Parcours artistique • *Tanzträume* de Pina Bausch. |

KAPITEL 2

# Ich und die anderen

## Je vais apprendre à...

- exprimer un sentiment.
- exprimer un désaccord.
- faire un récit au passé.
- rapporter les paroles de quelqu'un.
- développer des stratégies pour m'exprimer à l'écrit.

## Je vais découvrir...

- une chanson du groupe *Wir sind Helden.*
- le langage SMS allemand.
- un roman de Erich Kästner.
- le rôle du médiateur dans les écoles allemandes.

**Unser Projekt**

Ein Liebeslied schreiben

# Station 1 Streit und Konflikte

Greif zu! p. 28

## 1 Alt und jung

a. Lies den Comic. Was möchte das Mädchen wissen? Warum?
b. Was antwortet der Vater? Was meint die Mutter?
c. Und wie sah die Mutter vielleicht mit 14 aus? Erfinde die Fortsetzung. Cahier d'activités p. 15

© Vincent Gascoin, 2017

## 2 Wer ist Jonas?

MP3 PISTE 8

a. Schau dir das Video an und lies den Tagebucheintrag. Was möchte die Mutter wissen? Wie reagiert die Tochter?

b. Die Tochter ist wütend und ruft einen Freund / eine Freundin an. Sie erzählt von der Szene mit ihrer Mutter. Spielt das Gespräch zu zweit. Cahier d'activités p. 15

*Wer ist Jonas?, Knallerfrauen*, SAT1, 2014

Sonntag, den 11. Oktober

Liebes Tagebuch,
mit Nina wollten wir eine Fete für unsere Klasse organisieren. Die Pyjamaparty war ihre Idee. Nur Nadine konnte nicht kommen (uff! Ich hasse sie!).
Alles war echt super!! Wir hatten coole Musik ... Und Jonas war auch da ...

**Sprechtraining**

**Les diphtongues**
Cahier d'activités p. 16

MP3 PISTE 9

## 3 Ärger in der Familie

a. Lies den Beitrag von Chris04. Was ist sein Problem?

b. Lies jetzt die Antworten.
Was kann Chris04 vielleicht tun?
Wie denkst du darüber?

c. Schreibe eine Antwort mit deinen Tipps.

Cahier d'activités p. 16

**Frage von *Chris04***

**Stress mit meinem Bruder**

Hallo, ich habe oft Stress mit meinem kleinen Bruder. Meine Eltern sind immer auf seiner Seite und ich halte das nicht mehr aus. Gestern zum Beispiel wollte er mit meinem Tablet spielen.
Aber es ist MEIN Tablet und ich brauchte es. Aber meine Eltern haben wie immer meinem Bruder Recht gegeben und er durfte den ganzen Tag das Tablet benutzen. Sie sind so gemein! Das ist völlig ungerecht!! Mein Bruder ist wirklich ihr Lieblingskind. Was kann ich dagegen machen?

**Antwort 1 von *NaseVoll007***

Genau wie bei mir! Meine Schwester ging mir völlig auf die Nerven! Ich glaube, sie wollte mehr mit mir machen, weil sie sich einsam fühlte. Deswegen war sie so nervig. Jetzt machen wir öfters etwas zusammen und es geht besser. Vielleicht hilft dir das?

**Antwort 2 von *MiniPsy16***

Ihr müsst mit euren Eltern sprechen und versuchen, eine Lösung zu finden.

## Zwischenstation

### Ihr spinnt wohl!

Drei Schüler waren verabredet. Schüler A ist genervt, weil Schüler B und C zu spät gekommen sind. Spielt den Streit.

Beispiel: ***Schüler A:*** *Wo wart ihr denn? Ihr seid eine halbe Stunde zu spät!*
***Schüler B:*** *Spinnst du? Wir sind nicht zu spät …*

## Ich kann's A2

- **Je sais exprimer mon désaccord.**
- **Je sais caractériser une situation.**
- **Je peux raconter un événement au passé.**

Schnelltest • Cahier d'activités p. 19

## 1 Schimpfen

Pour préparer l'activité 2, page 26

MP3 PISTE10

**a.** Hör dir die fünf Situationen an. Ergänze mit dem passenden Ausdruck.

**b.** Spielt die Szenen.

## 2 Seid ihr immer noch nicht fertig?

Pour réviser l'emploi des possessifs *sein* et *ihr*

Sophie und Jannick gehen heute Abend auf eine Party. Der Vater bringt sie mit dem Auto hin. Aber er regt sich auf: Die beiden sind noch nicht fertig ... Was suchen sie noch?

**Beispiel:** *Jannick sucht seine Kamera. Sophie sucht ihren Schal.*

die Handschuhe — der Anorak — das Kleid — der Pullover — die CDs — die Mütze — das T-Shirt — die Kamera — die Brille — das Geld — der Schal — die Uhr — das Tablet

## 3 Was war denn los?

Pour approfondir l'emploi du prétérit

Carina ist genervt. Sie war gestern mit Lotta verabredet, aber Lotta ist nicht gekommen. Was ist passiert?

Du bist Lotta. Was antwortest du?

**Beispiel:** *Tut mir leid, ich war ... / ich konnte ... / ich musste ...*

## Grammatik

› Mémento pp. 125, 131-132

### 1 Les déterminants possessifs

| | Possesseur sg. | Possesseur pl. |
|---|---|---|
| 1re pers. | **mein** Bruder | **unser** Bruder |
| 2e pers. | **dein** Bruder | **euer** Bruder |
| 3e pers. m., n. | **sein** Bruder | **ihr** Bruder |
| 3e pers. f. | **ihr** Bruder | |
| forme pol. | **Ihr** Bruder | **Ihr** Bruder |

Ils se déclinent comme l'article indéfini.
Fragt **euren** Vater.
Die Kinder rufen **ihre** Eltern an.

### 2 Le prétérit

Pour situer un fait dans le passé, on peut utiliser le prétérit.
Mit 14 **war** mein Vater schlank und **hatte** lange Haare.

| | sein | haben | wollen | können |
|---|---|---|---|---|
| ich | war**Ø** | hatte**Ø** | wollte**Ø** | konnte**Ø** |
| du | war**st** | hatte**st** | wollte**st** | konnte**st** |
| er/sie/es | war**Ø** | hatte**Ø** | wollte**Ø** | konnte**Ø** |
| wir | war**en** | hatte**n** | wollte**n** | konnte**n** |
| ihr | war**t** | hatte**t** | wollte**t** | konnte**t** |
| sie/Sie | war**en** | hatte**n** | wollte**n** | konnte**n** |

**1 Fabian n'est pas seul… Réécris le texte en commençant par *Fabian und Felix.***

Fabian erzählt von seinem Cousin: „Wenn mein Onkel uns besucht, habe ich immer Stress mit meinem kleinen Cousin. Er spielt mit meinen Sachen, macht sie kaputt und lässt alles liegen."
„Und was sagt dein Onkel dazu?"
„Er lacht und sagt: Sei doch nett zu deinem Cousin. Er ist noch so klein!"

**2 Complète avec le possessif qui convient.**

**a.** Lena bleibt heute in … Zimmer. … Bruder nervt sie zu sehr. **b.** Die Jungen sind wütend. Sie können nicht mit … Freunden zum Fußball gehen, weil sie heute Abend auf … kleine Schwester *auf*passen müssen. **c.** Was? Ihr seid noch nicht fertig? Aber … Großeltern sind gleich da!

**3 Complète le récit de Julia en conjuguant les verbes au prétérit.**

Gestern (haben) ich Streit mit meiner Mutter. Sie (wollen) unbedingt wissen, mit wem wir auf der Party (sein). Ich (wollen) es aber nicht sagen. Ich (sein) so aufgeregt. Dann (können) ich nicht *ein*schlafen.

› Cahier d'activités p. 17

## Vokabelfabrik

› Cahier d'activités p. 18

### 1 Streit

**sich streiten**

mit jemandem Streit / Stress haben
sich über etwas ärgern
aufgeregt sein
(nicht) einverstanden sein
jemanden verletzen
wütend sein
etwas / jemanden hassen

☹

Spinnst du?
So ein Blödsinn!
Lass mich in Ruhe!
Du gehst mir auf die Nerven.
Du nervst mich.
Du bist gemein.
Ich habe die Nase voll.

☺

Beruhige dich doch!
Keine Panik!
Das macht doch nichts!
Das ist doch nicht so schlimm!
Mach dir keine Sorgen!

### 2 Wörter verstehen – Wörter bilden

**Retrouve les verbes à partir desquels ces noms sont formés.**

der Ärger · der Hass · der Streit
das Aussehen · das Gefühl · das Leben
die Antwort · die Erzählung · die Liebe · die Suche

# Station 2 Und die Liebe?

Greif zu! p. 32

## 1 Nur ein Wort

MP3 PISTE 11

a. Hör zu und lies den Text. Wer spricht im Lied?
b. Worum geht es?

Ich sehe, dass du denkst.
Ich denke, dass du fühlst.
Ich fühle, dass du willst.
aber ich hör' dich nicht.
[...]
Oh, bitte gib mir nur ein, oh
Bitte gib mir nur ein, oh
Bitte gib mir nur ein,
Bitte bitte gib mir nur ein Wort.
[...]

Wir sind Helden, *Nur ein Wort*

Wir sind Helden, *Nur ein Wort*, 2010

## 2 Verliebt?

MP3 PISTE 12

a. Hör dir das Gespräch an. Wer ruft an? Warum?
b. Sammle Informationen über die Personen und ihre Gefühle.
c. Schreib jetzt aus Maries Perspektive eine neue Strophe für das Lied *Nur ein Wort*.

Cahier d'activités p. 20

**Sprechtraining**

MP3 PISTE 13

L'accent de phrase

Cahier d'activités p. 21

## 3 Du hast eine Nachricht

**Lies die Nachrichten. Was schreiben die Jugendlichen?**

**Beispiel:** *Ben schreibt, dass …*

Cahier d'activités p. 21

Ben: Kino heute Abend um 18.00 HDL 15:10

Luise: Treffpunkt um 20.00 im Café Ludwig. AKLA? 18:30

Paul: Hallo Klara, ich habe eine Überraschung für dich… :):) BB 09:28

Sina: Habe Lust auf eine romantische Fahrradtour! WASA 17:30

Anna: Ich muss dich unbedingt sehen!!! GUK 14:55

## 4 Überraschungsparty

**Zu Billys 15. Geburtstag organisieren Theo und Ella eine Überraschungsparty. Sie sprechen über die Gästeliste. Spielt den Dialog.**

**Beispiel:** ***Ella:*** *Ich möchte Finn einladen und du?*
***Theo:*** *Klar! Wir müssen ihn unbedingt einladen! Und Nele?*

Cahier d'activités p. 21

**Theos Liste**

Finn!!!
Johanna ♥♥
Elyas?? :(:(
Sophie und Mia
Jasmin (als DJ?)
Nele (Billys beste Freundin!)
Max (Neles Ex?!?) => ~~Max~~

**Ellas Liste**

Finn
Johana
Leon
Shirin ????
Elyas und Nele
Mia
Sophie
10:32

## Zwischenstation

### Einladung

**Du machst nächsten Samstag eine Party. Schreib eine Einladung an deine Freunde.**

## Ich kann's

A2

- Je comprends les motivations d'une personne.
- Je sais exprimer des sentiments.
- Je peux rapporter les paroles de quelqu'un.

Schnelltest • Cahier d'activités p. 24

# S2 Greif zu! Activités à la carte

## 1 Liebst du mich?

Pour préparer le lexique des sentiments amoureux

**Was passt zu welchem Zettel?**

| | |
|---|---|
| ♥ | Ich mag dich. |
| ♥♥ | Ich habe dich gern. |
| ♥♥♥ | Ich liebe dich. / Ich bin in dich verliebt. |
| (durchgestrichenes Herz) | Ich mag dich nicht. |

1 Nur noch ein Tag ohne dich … Ich freue mich sooooooo auf morgen!!!!!

2 Schön, dass wir zusammen das Referat in Deutsch machen.

3 Hör auf, mich mit SMS zu bombardieren! Ich will nichts mehr mit dir zu tun haben. Klar?

4 ALLES GUTE ZUM GEBURTSTAG, MAMA

## 2 SMS-Abkürzungen

Pour préparer l'activité 3 page 31

**Assoziiere jede Grußformel mit der passenden Abkürzung.**

- Warte auf schnelle Antwort
- Gruß und Kuss
- Mit freundlichen Grüßen
- Alles klar?
- Bis bald
- Denk an dich
- Hab dich lieb
- Liebe Grüße

1 DAD
2 LG
3 BB
4 WASA
5 GUK
6 HDL
7 AKLA
8 MFG

## Grammatik

Mémento pp. 123, 126-127

### 1 La proposition subordonnée introduite par *dass*

Elle permet de rapporter une déclaration ou une opinion. Elle s'emploie avec des verbes comme *sagen*, *schreiben*, *glauben*, *denken*, *hoffen* …

Ich hoffe, **dass** er mich *ein*laden **wird**.

⚠ Dans une subordonnée, le verbe conjugué est en dernière position.

⚠ La subordonnée est séparée de la principale par une virgule.

### 2 Les pronoms personnels à l'accusatif

| | singulier | pluriel |
|---|---|---|
| 1re pers. | mich | uns |
| 2e pers. | dich | euch |
| 3e pers. m. / f. / n. | ihn, sie, es | sie |
| forme de politesse | Sie | Sie |

**1 À la récréation, Lars parle de la nouvelle élève. Rapporte ses propos en utilisant *Er sagt / Er glaubt / Er findet / Er ist sicher / Er hofft …***

**a.** Sie ist wirklich sehr hübsch.
**b.** Sie sieht sehr nett *aus*.
**c.** Sie will am Wochenende eine Party machen.
**d.** Sie hat keinen Freund.
**e.** Ich will sie in der Pause *an*sprechen.
**f.** Sie findet mich cool.

**2 Complète par le pronom personnel qui convient.**

**a.** Hi Tim! Vanessa und ich gehen ins Kino. Willst du … begleiten?
**b.** Dein Bruder ist so süß! Ich habe … gern.
**c.** Hallo Theo und Luis! Meine Cousine hat Geburtstag und sie möchte … *ein*laden.
**d.** Nico und Dennis kommen auch *mit*. Ich mag … so sehr.
**e.** Der Film war so romantisch! Am Ende umarmt er die Prinzessin und küsst … .
**f.** Ich bin so enttäuscht. Er ist gar nicht in … verliebt.

Cahier d'activités p. 22

## Vokabelfabrik

Cahier d'activités p. 23

### 1 Liebe und Liebeskummer

☺

verliebt / verknallt sein
jemanden lieb / gern haben
jemanden mögen
jemanden lieben
in jemanden verliebt sein
jemanden küssen
sich freuen
glücklich sein

☹

enttäuscht sein
traurig sein
verzweifelt sein
Schluss machen
sich trennen

### 2 Von einer Sprache zur anderen

**a. Compare ces phrases. Quels sont les points communs ? Quelles sont les différences ?**

| Deutsch | English |
|---|---|
| – Denkst du, dass er verliebt ist? | – Do you think that he's in love? |
| – Ich hoffe, dass er mir antwortet. | – I hope he will answer me. |
| – Ich bin sicher, dass er mich liebt. | – I'm sure that he loves me. |

**b. Complète le petit lexique des verbes anglais-allemand.**

- answer
- be sure
- find
- hope
- say
- think

# Das doppelte Lottchen

**Eine Geschichte von 1949 – immer noch aktuell**

IN GRUPPEN

**a.** Bildet drei Gruppen. Jede Gruppe befasst sich mit einer Szene und stellt sie der Klasse vor.

**b.** Vergleicht dann die drei Situationen.

**c.** Wie geht die Geschichte weiter? Sammelt Hypothesen.

**d.** Wählt eine Hypothese und schreibt einen Klappentext für eure Geschichte.

**Emil Erich Kästner**
(1899-1974)

**Emil Erich Kästner ist ein deutscher Schriftsteller. Seine bekanntesten Kinderbücher sind *Emil und die Detektive*, *Das doppelte Lottchen* und *Das fliegende Klassenzimmer*. Es gibt viele Verfilmungen von Kästners Geschichten.**

## 1 Im Ferienheim

**a.** Lest den Text. Wo spielt die Szene? Beschreibt die Situation.

**b.** Beschreibt und erklärt die Reaktion der beiden Mädchen.

*Die Szene spielt im Sommer in einem Ferienheim für Mädchen. Luise und ihre Freundinnen sind glücklich, denn heute kommen neue Mädchen mit einem Bus an.*

Da hupt es! „Sie kommen!" Der Omnibus rollt die Straße entlang, biegt vorsichtig in die Einfahrt und hält. Der Chauffeur steigt aus und hebt[1] fleißig ein kleines Mädchen nach dem anderen aus dem Wagen. (…)

Zum Schluss taucht[2] (…) im Rahmen der Wagentür das zwanzigste kleine Mädchen auf. (…)

Plötzlich macht sie große erstaunte Augen. Sie starrt Luise an!

Nun reißt auch Luise die Augen auf. Erschrocken blickt sie der Neuen ins Gesicht.

Die anderen Kinder und Fräulein Ulrike schauen perplex von einer zur anderen. Der Chauffeur schiebt die Mütze nach hinten, kratzt sich am Kopf und kriegt den Mund nicht wieder zu. Weswegen denn?

Luise und die Neue sehen einander zum Verwechseln ähnlich[3]!

Aus: Erich Kästner, *Das doppelte Lottchen*,
© Atrium Verlag AG, Zürich 1949

1. *fait descendre* 2. *apparaît* 3. *se ressemblent comme deux gouttes d'eau*

VIDEO

*Charlie & Louise – Das doppelte Lottchen*, Bavaria Film, 1994

## 2 Konfrontation

DVD classe

**a.** Schaut euch das Video an und beschreibt die Situation am Anfang.

**b.** Was passiert dann?

**c.** Schreibt einen Steckbrief für die zwei Mädchen (Name, Aussehen, Charakter ...).

## 3 Da machte es klick ...

**a.** Schaut euch die Comicseite an. Beschreibt die zwei Mädchen.

**b.** Lest die Sprechblasen. Was erfahrt ihr über die zwei Mädchen und ihre Eltern?

# Lernen zu lernen

# Sich schriftlich ausdrücken

## A) PRÉPARER SA PRODUCTION ÉCRITE

**1** Compare la tâche d'expression écrite de l'activité 3, page 27, avec celle de la *Zwischenstation* de la page 31.

**2** Tu veux rédiger l'invitation de la *Zwischenstation* page 31. Rassemble le lexique et les structures qui te seront utiles.

**3** Inscris au brouillon le début de ta production, les points principaux que tu souhaites évoquer, une phrase de conclusion. Tu peux ensuite te lancer dans la rédaction avec ton brouillon et tes recherches sous les yeux.

Cahier d'activités **p. 25**

**TIPP** Repère dans les consignes le thème et la nature du texte à produire pour identifier tes besoins.

**TIPP** Ne rédige pas un brouillon avec des phrases complètes en français. Utilise plutôt des mots-clés en allemand pour organiser tes idées.

**TIPP** Ne cherche pas à dire ce que tu ne sais pas encore dire. Réutilise le vocabulaire et les structures que tu as appris.

**TIPP** Tu peux t'inspirer de textes de même nature que tu as déjà rencontrés au cours de tes apprentissages.

## B) ATELIER « TAGEBUCH »

**4** **a.** Tu as assisté à une fête d'anniversaire et tu souhaites raconter cette expérience dans une page de ton journal intime.

**b.** Note les points que tu souhaites évoquer :

- *Wer?*
- *Was (Musik, Geburtstagstorte, Geschenke ...)?*
- *Meine Gefühle?*
- *Bald Geburtstag haben und Freunde einladen ...*

**c.** Relis-toi et sois attentif à l'orthographe, à la place du verbe conjugué et de l'infinitif, à la conjugaison des verbes.

Cahier d'activités **p. 25**

# Streitschlichter

Parcours citoyen

**In deutschen Schulen gibt es weder „CPE“ noch „surveillants“. Die Lehrer führen Pausenaufsicht und lösen eventuelle Konflikte. Einige Schüler können auch bei der Konfliktlösung helfen. Sie heißen „Streitschlichter“.**
**Nach einem Jahr Ausbildung können Schüler ab der 8. Klasse Streitschlichter werden.**

## 1 Was sind Streitschlichter?

## 2 Welche fünf Kompetenzen braucht ein Streitschlichter? Wähle aus.

**TEST**

**Streitschlichter in 5 Kompetenzen**

| | | |
|---|---|---|
| ◯ neutral | ◯ fair | ◯ tolerant |
| ◯ unsicher | ◯ nervös | ◯ aggressiv |
| ◯ schüchtern | ◯ kontaktfreudig | ◯ offen |

weiter

## 3 Ordne die 4 Etappen der Konfliktlösung chronologisch.

**Der Streitschlichter …**

☐ **A** plant Diskussionen mit beiden Parteien.

☐ **B** hört alle Argumente mit Neutralität und Respekt an.

☐ **C** findet eine Lösung für alle Schüler. Die Lösung ist akzeptabel für alle: Keiner verliert, keiner gewinnt.

☐ **D** erkennt eine Konfliktsituation: Ein(e) Schüler(in) ist traurig, alleine oder zwei Schüler schreien, streiten sich …

### AUF DEN PUNKT GEBRACHT

Prépare un bref exposé pour informer l'ensemble des délégués de ton collège sur le profil et les missions des médiateurs dans les écoles allemandes.

# Unser Projekt

## Ein Liebeslied schreiben

### Etappe 1

**a.** Lest den Refrain des Liedes *Cello*.
**b.** Wer spricht? Zu wem?

### Etappe 2

**a.** Bildet Gruppen. Überlegt, für wen ihr ein Liebeslied schreiben wollt.
**b.** Erfindet jetzt euer Lied. Ihr könnt auch das Lied von Udo Lindenberg umschreiben.

TICE

### Etappe 3

**a.** Schreibt den Text mit *OpenOffice* und fügt Bilder ein.
**b.** Ihr könnt auch eine Melodie zu eurem Lied aussuchen.

## Mon bilan de compétences

| Éléments du Socle commun | Programme du cycle 4 | Connaissances et compétences |
|---|---|---|
| **1.** Communiquer à l'oral et à l'écrit dans une langue étrangère | Compétences langagières A2 | ▶ Comprendre le sujet d'une conversation et relever les points essentiels : quelqu'un raconte un événement, parle de ses sentiments.<br>▶ Identifier les informations pertinentes dans un document : BD, journal intime, paroles d'une chanson.<br>▶ Échanger sur des sujets familiers et réagir à une situation (dispute, soirée…).<br>▶ Raconter un événement, rapporter les paroles de quelqu'un.<br>▶ Raconter un événement passé, écrire une invitation. |
| **2.** Apprendre à apprendre | | • Développer des stratégies pour s'exprimer à l'écrit. |
| **5.** Découvrir des formes d'expression artistiques et littéraires | Compétences culturelles | • Le groupe *Wir sind Helden*.<br>• E. Kästner et son roman *Das doppelte Lottchen*. |
| **3.** Se préparer à prendre des initiatives et à s'engager | | Parcours citoyen • Découvrir la fonction du *Streitschlichter* dans les écoles allemandes. |

KAPITEL 3

# Städte früher und heute

## Je vais apprendre à...

- comprendre la description d'un lieu.
- décrire un lieu et son évolution dans le temps.
- exprimer une préférence, justifier un choix.
- commenter un document iconographique.

## Je vais découvrir...

- les villes de Vienne et de Lucerne.
- un éco-quartier à Tübingen.
- la *Potsdamer Platz* et l'*East Side Gallery* à Berlin.
- des bâtiments reconvertis en lieux insolites.

## Unser Projekt

Mit Hilfe einer Fotomontage sein Stadtviertel verschönern

# Station 1 Meine Lieblingsplätze

Greif zu! p. 42

## 1 Ein Werbespot

MP3 PISTE 14

a. Hör dir den Werbespot an. Für welche Stadt wirbt er?
b. Was kann man in dieser Stadt sehen oder machen? Zeichne einen Wortigel.

Cahier d'activités p. 26

## 2 Mein Wien

a. Lies Irinas Blog. Assoziiere jedes Bild mit einem Absatz.
b. Wohin geht Irina am liebsten? Wann?
c. Welcher Ort gefällt dir am besten? Warum?

Cahier d'activités p. 26

www.meinlebenmeinelieben.at

Ich | Meine Lieblingsplätze | Meine Reisen | Meine Tipps

### Meine Hitliste in Wien

Egal, ob zum Frühstück oder Mittagessen: Der Naschmarkt ist einfach ein Paradies, wenn man Hunger hat. Er ist der bekannteste Markt in Wien, da kann man Spezialitäten aus der ganzen Welt probieren. Mit der Straßenbahn gut zu erreichen!

Wenn ich die Natur vermisse, dann fahre ich in den Wiener Prater. Mit dem Fahrrad bin ich in wenigen Minuten im Grünen. Da kann man sich erholen, aber es gibt auch tolle Attraktionen wie zum Beispiel das berühmte Riesenrad, eine Loopingbahn oder einen Flugsimulator. Und die Snacks an den Imbissbuden sind für mich das Leckerste!

Mein absoluter Lieblingsplatz ist aber das Amalienbad. Wenn es regnet, fahre ich mit der U-Bahn hin. Typisch für dieses Schwimmbad sind die Jugendstilelemente. Es ist also alt, aber wunderschön restauriert! Ein Ort mit Charme – das schönste Hallenbad in Wien!

**Sprechtraining**

MP3 PISTE 15

[b] ou [p], [d] ou [t], [g] ou [k]

Cahier d'activités p. 27

## 3 Das sind die Gewinner!

MP3 PISTE 16

a. Schau dir das Plakat an. Wo sind wir? Was wird organisiert?

b. Hör dir die Szene mit Elena, Matteo und Noah an. Wer hat welches Foto gemacht? Warum sind diese Orte ihre Lieblingsplätze?

c. Du warst bei der Preisverleihung. Schreibe einen kurzen Bericht für die Webseite der Stadt.

Cahier d'activités p. 27

## Zwischenstation

### Mein schönster Platz

a. Präsentiere einen Ort, der dir besonders gefällt (Straße, Zimmer, Park ...).

b. Bring ein Foto mit und erkläre, warum es dein Lieblingsort ist.

c. Die Klasse kann die drei besten Fotos auswählen.

## Ich kann's

A2

- Je comprends la description d'un lieu.
- Je peux parler d'un endroit que j'aime.
- Je sais exprimer une préférence et justifier mon choix.

Schnelltest • Cahier d'activités p. 30

# S1 Greif zu! Activités à la carte

## 1 Transportmittel

PISTE 17

**Pour réactiver le lexique des moyens de transport**

Hör zu. Welches Transportmittel benutzen die Personen?

**Beispiel:** *Person 1 fährt mit ...*

der Zug | der Bus | die U-Bahn | das Fahrrad | das Schiff

## 2 Quer durch die Stadt

**Pour consolider l'emploi du directif**

Assoziiere jeden Ort mit einer Situation. Mehrere Kombinationen sind möglich.

**Beispiel:** *Ich gehe zum Imbiss, wenn ich Hunger habe.*

- der Imbiss
- der Markt
- das Schwimmbad
- der Skatepark
- das Eiscafé
- die Bibliothek
- das Jugendzentrum

- sonnig sein
- ein Buch brauchen
- Hunger haben
- regnen
- frei haben
- Obst und Gemüse brauchen
- Freunde treffen

## Grammatik

Mémento pp. 124, 127, 128

### 1 L'adjectif épithète (1)

Dans un groupe nominal défini, c'est le déterminant qui porte la marque de genre, de nombre et de cas. L'adjectif prend la terminaison ***-en*** (*die schönen Fotos, den großen Park*) sauf aux trois formes suivantes :

der große Park, das schöne Foto, die berühmte Stadt.

### 2 Le superlatif de l'adjectif épithète

On forme le superlatif en ajoutant ***-st*** à l'adjectif.

das billig**st**e Restaurant
⚠ jung → der jüngste Kandidat
gut → die beste Attraktion

### 3 La proposition subordonnée introduite par *wenn*

Elle exprime une condition, une éventualité.

**Wenn** ich Hunger **habe**, gehe ich ins Kaffeehaus.

**1 Complète par la terminaison qui convient.**

**a.** Dieser berühmt... Markt am alt... Rathaus ist sehr romantisch. **b.** Fährt die neu... Straßenbahn auch durch das historisch... Stadtzentrum? **c.** Die modern... Wohnungen sind typisch für diesen renoviert... Stadtteil. **d.** Mit den groß... Parks ist München für mich die ideal... Stadt.

**2 Complète en utilisant le superlatif.**

**a.** Die (schön) Fotos gewinnen einen Preis. **b.** Das ist der Freizeitpark mit den (toll) Attraktionen! **c.** Das ist das (gut) Restaurant in der Altstadt. **d.** Hier ist der (groß) Skatepark in Wien.

**3 Aide Leonie à faire le bon choix.**

*Ich brauche Obst und Gemüse. (auf den Naschmarkt gehen)*
→ *Wenn du Obst und Gemüse brauchst, kannst du ...*

**a.** Ich muss schnell in die Stadt. (die U-Bahn nehmen) **b.** Ich suche ein Geschenk für meine Schwester. (in der Kärtner Straße shoppen gehen) **c.** Ich brauche frische Luft. (mit dem Fahrrad in den Prater fahren)

Cahier d'activités p. 28

## Vokabelfabrik

Cahier d'activités p. 29

### 1 Ein tolles Programm

| Wo? | Wohin? | Wie? | Was? |
|---|---|---|---|
| in der Hauptstadt | nach Wien | mit dem Zug / dem Bus | Spezialitäten probieren |
| in Österreich | nach Österreich | mit der Straßenbahn / der U-Bahn | etwas Leckeres essen |
| auf dem Markt | auf den Markt | mit dem Fahrrad / dem Schiff | inlineskaten |
| im Kaffeehaus | ins Kaffeehaus | zu Fuß | skateboarden |
| in der Fußgängerzone | über die Kapellbrücke | | Freunde treffen |
| auf der Terrasse | | | spazieren gehen |

### 2 Von einer Sprache zur anderen

**a. Compare la place de l'adjectif épithète en anglais, en allemand et en français. Que constates-tu ?**

the sunny terrace — die sonnige Terrasse — la terrasse ensoleillée

**b. Observe maintenant la forme de l'adjectif dans les trois phrases. Que remarques-tu ?**

# Aus alt mach neu

Greif zu! p. 46

## 1 Artikel des Monats

**a.** Lies den Artikel. Was ist das „Französische Viertel"? Warum heißt es so?
**b.** Wie hat sich das Viertel entwickelt? Notiere die wichtigsten Etappen. Cahier d'activités p. 31

TüPedia
STADTWIKI TÜBINGEN

Startseite
Neue Artikel
Neue Bilder

▼ Themen
Geschichte
Tourismus
Kultur
Sport

**Bild des Monats**

**Artikel des Monats**

Bis 1945 war Tübingen eine Garnisonsstadt mit vielen Soldaten. Nach dem 2. Weltkrieg sind die französischen Truppen mit ihren Familien nach Tübingen gekommen und haben in den Kasernen gewohnt. Die französischen Soldaten sind bis 1991 in Tübingen geblieben. Seit 1991 gibt es also keine Kasernen mehr. Die Stadt Tübingen hat danach die Grundstücke gekauft und die Kasernen wurden zu Studentenwohnheimen. Heute gibt es auch schöne Mehrfamilienhäuser und Kinderspielplätze. Dieses moderne und alternative Viertel in der Südstadt heißt heute noch „Französisches Viertel".

## 2 Die „Stadt der kurzen Wege"

MP3 PISTE 18

**a.** Schau dir das Foto an. Was fällt dir auf?
**b.** Hör dir die Szene an. Wer sind die Personen? Was machen sie?
**c.** Was erfährst du über den Ort?
**d.** Schüler A hat die Stadtführung mitgemacht. Schüler B stellt ihm Fragen.

Cahier d'activités p. 31

**Sprechtraining**

Les mots composés
Cahier d'activités p. 32

MP3 PISTE 19

## 3 Eine Zeitreise durch Berlin

a. Schau dir den Flyer an. Was können die Touristen in Berlin machen?

b. Vergleiche den Potsdamer Platz früher und heute. Was hat sich verändert?

c. Nach der Stadtrundfahrt schreibst du einen Kommentar für die Webseite der Touristeninformation.

**Beispiel:** *Am Nachmittag habe ich den Potsdamer Platz mit einem VR-Helm besichtigt. ...*

### Vokabeln

- das Bürogebäude(-)
- die Pferdekutsche(n)
- die Straßenlaterne(n)
- das Wasserrohr(e)

Cahier d'activités p. 32

## Zwischenstation

### Meine Stadt – früher und heute

a. Such dir ein Viertel deiner Stadt (oder einer anderen Stadt) aus und suche alte Fotos.

b. Erstell einen kleinen Prospekt für die deutsche Partnerstadt und vergleiche dieses Viertel früher und heute.

## Ich kann's

A2

- Je peux repérer les étapes d'un récit.
- Je peux comparer un lieu à différentes époques.
- Je sais présenter les évolutions d'un quartier.

Schnelltest • Cahier d'activités p. 35

# S2 Greif zu! Activités à la carte

## 1 Wohnformen

Pour préparer à l'activité 2 page 44

a. Schau dir die Webseite an. Welche Überschrift passt zu welchem Foto?
b. Welche Fotos bleiben übrig? Benutze Wörter aus der Liste und formuliere zwei Überschriften.

renovierte Altbauwohnung

schöne Einzimmerwohnung im Erdgeschoss

kleine Zweizimmerwohnung mit Balkon im Wohnblock

### Vokabeln

- das Einfamilienhaus ≠ das Mehrfamilienhaus
- die Einzimmerwohnung ≠ die Vierzimmerwohnung
- das Wohngebäude
- der Wohnblock
- alt ≠ neu / renoviert / schön
- groß ≠ klein
- hell ≠ dunkel

## 2 Stadtmöbel

Pour élargir le lexique de la ville

a. Schau dir die Listen an und bilde zu jedem Foto ein Wort.
b. Sind diese Wörter maskulin, feminin oder neutrum? Suche im Wörterbuch.

Picknick-
Tor-
Kaugummi-
Fahrrad-
Sitz-
Verkehr(s)-
Basketball-

-ampel
-bank
-automat
-korb
-wand
-tisch
-ständer

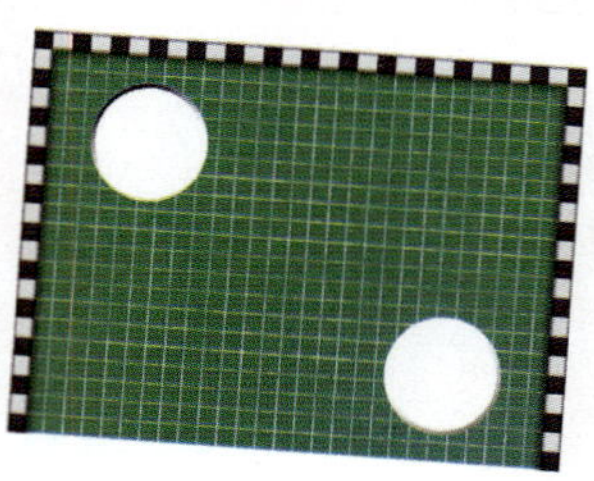

# Grammatik

Mémento pp. 127, 131

## 1 L'adjectif épithète (2)

En l'absence de déterminant, c'est l'adjectif épithète qui porte la marque de genre, de nombre et de cas.

der Kaffee → gut**er** Kaffee
di**e** Soldaten → französisch**e** Soldaten

## 2 Le parfait

Il permet d'évoquer des faits accomplis au passé. Il est composé d'un auxiliaire (*haben* ou *sein*) et d'un participe II.

Hier **haben** Soldaten früher **gewohnt**.

• Le participe II des verbes faibles prend la terminaison ***-t***.

wohnen → **gewohnt**

• Celui des verbes forts prend la terminaison ***-en*** et le radical peut changer de voyelle.

sehen → **gesehen**
treffen → **getroffen**

⚠ On emploie l'auxiliaire *sein* avec les verbes intransitifs lorsqu'ils expriment un déplacement ou un changement d'état, ainsi qu'avec *bleiben*.

Wir **sind** nach Berlin **gefahren**.

**1 Que veut faire Carmen ? Sers-toi de ce qu'elle a noté.**

*im Bioladen Tee kaufen (grün) → Sie möchte im Bioladen grünen Tee kaufen.*

**a.** Fotos für den Blog *aus*wählen (schön)
**b.** auf dem Markt Käse kaufen (französisch)
**c.** beim Bäcker Brot holen (frisch)
**d.** Restaurants *aus*probieren (neu)
**e.** auf dem Naschmarkt Wurst kaufen (lecker)

**2 Complète les phrases suivantes en utilisant le parfait. Veille au choix de l'auxiliaire.**

**a.** Heute … die Kinder auf dem Spielplatz Fußball … (spielen).
**b.** Mittags … wir im Stadtzentrum … (essen).
**c.** Wir … dann zwei Stunden im Park … (bleiben).
**d.** Mit Marlene … ich skateboarden … (lernen).
**e.** Bis jetzt … ich jedes Jahr nach Berlin … (fahren).
**f.** Weißt du, dass Familie Neumann in Tübingen ein neues Haus … … (kaufen)?
**g.** … ihr in Berlin auch eine Stadtrundfahrt … (machen)?

Cahier d'activités p. 33

# Vokabelfabrik

Cahier d'activités p. 34

## 1 Ein ideales Viertel?

| | | |
|---|---|---|
| das Viertel(-) | das Mehrfamilienhaus(¨er) | zu Fuß gehen |
| die Fußgängerzone(n) | das Einfamilienhaus(¨er) | mit dem Fahrrad fahren |
| der Radweg(e) | das Wohngebäude(-) | sein Auto parken |
| der Kinderspielplatz(¨e) | die Wohnung(en) | sich erholen |
| die Grünfläche(n) | der Bewohner(-) | zusammen wohnen |
| die Sitzbank(¨e) | der Parkplatz(¨e) | im Erdgeschoss wohnen |

## 2 Wörter verstehen – Wörter bilden

**Forme des noms composés à partir du radical des verbes *wohnen* et *fahren* en utilisant les éléments ci-dessous. Sois attentif au genre et à la forme de pluriel. Indique le sens des noms obtenus.**

Wohn-

| | | |
|---|---|---|
| - der Block(s) | - die Karte(n) | - die Schule(n) |
| - das Gebäude(-) | - der Ort(e) | - das Viertel(-) |
| - das Heim(e) | - das Rad(¨er) | - das Zimmer(-) |

Fahr-

# Neues Leben für alte Gebäude

IN GRUPPEN

**a.** Bildet 4 Gruppen. Jede Gruppe befasst sich mit einem Beitrag.

**b.** Jede Gruppe stellt ihr Gebäude / ihren Ort der Klasse vor. Die anderen können Fragen stellen.

**c.** Kennt ihr andere Gebäude, die heute eine neue Funktion haben? Erzählt.

## Vokabeln

- das Eisen *le fer*
- der Stahl *l'acier*
- die Hütte(n) *l'aciérie*

## 1 Die Völklinger Hütte

DVD classe — VIDEO

**a.** Schaut euch das Video an. Was war die Völklinger Hütte früher?

**b.** Welche Aktivitäten kann man heute dort machen?

*Industriedenkmal Völklinger Hütte*, Deutsche Welle, 2015

## 2 Das Haus des Meeres – Wien

**a.** Lest den Text. Welche Informationen gibt er über das Gebäude?

**b.** Was kann man heute hier sehen?

AQUA TERRA ZOO Haus des Meeres

English Version

Home | Besucherinfo | Unsere Tiere | Kinder & Schule | Über uns | Geschichte | Flakturm

**HAUS DES MEERES**

Im 2. Weltkrieg war dieses Gebäude ein Flakturm[1], ein hoher Bunker aus Stahl und Beton.
Was konnte nach dem Krieg daraus werden?
1957 haben Architekten den Flakturm renoviert und zu einem riesigen Aquarium umgebaut.
Im Haus des Meeres gibt es heute über 1000 Tierarten: Piranhas, tropische Fische, Krokodile, Leguane ...
Der Turm ist 45 Meter hoch und bietet auch eine tolle Aussicht über die Stadt.

1. die Flak: *batterie antiaérienne*

## 3 Das Tauchzentrum in Duisburg

a. Hört euch die Radioreportage an. Wo ist der Journalist?

b. Was kann man da machen? Und früher?

## 4 Das Tempelhofer Feld

a. Schaut euch den Plan an und lest die Informationen.

b. Was war der Ort früher und was ist er heute?

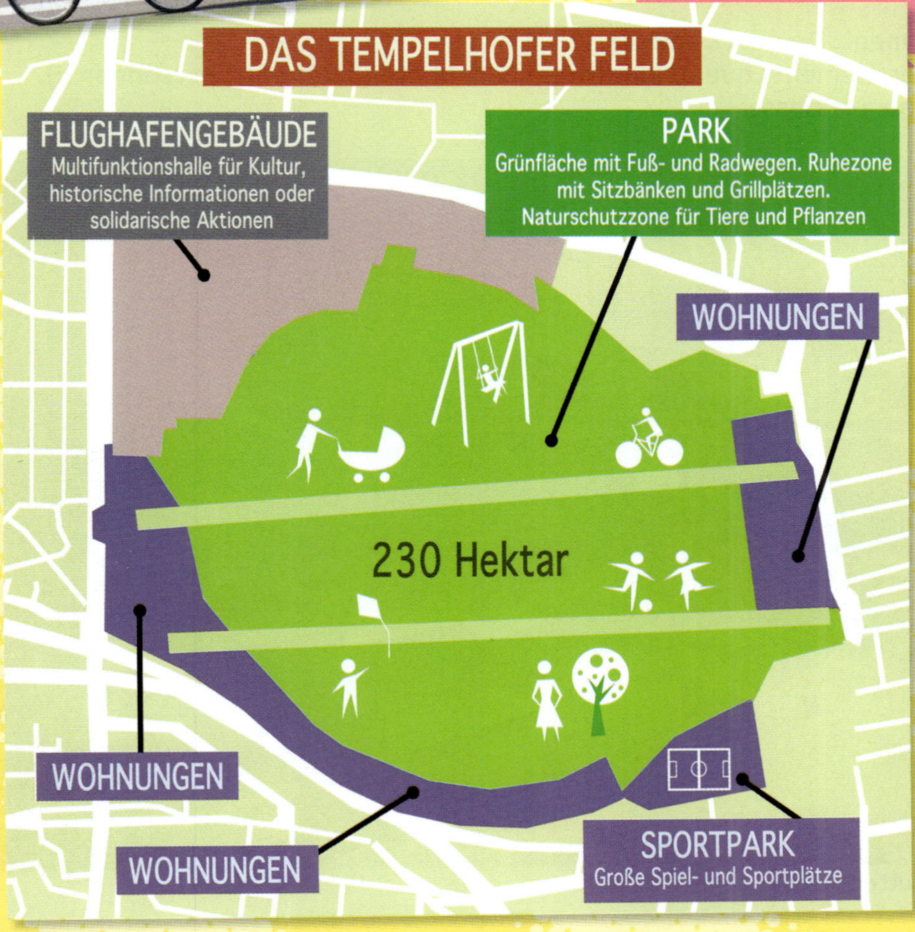


Berlin-Tempelhof war einer der drei Berliner Flughäfen. Seit 2008 starten und landen hier keine Flugzeuge mehr und der Platz ist heute ein riesengroßer Park. Die Stadt Berlin hat noch andere Ideen für den alten Flughafen ...

# Lernen zu lernen

# Ein Bild analysieren

## A) ANALYSER UNE IMAGE

**1** Observe le document *Eine Zeitreise durch Berlin* (*Station 2*, p. 45). Peux-tu identifier ce dont il s'agit ?

**2** Concentre-toi sur l'image. Quels éléments peux-tu repérer ? Essaie d'attribuer un adjectif ou une couleur à chaque élément.

**3** Observe maintenant la façon dont les éléments sont placés les uns par rapport aux autres.

**4** Demande-toi quel est le but recherché par ce photomontage.

Cahier d'activités **p. 36**

**TIPP** Observe tous les éléments dont tu disposes (titres, illustrations…). Ils te donnent des indications sur la nature du document (*das Foto, das Gemälde, die Werbung* …) et sur le thème abordé.

**TIPP** Fais l'inventaire des mots que tu connais et que tu peux associer au document.

**TIPP** Tu peux réaliser un schéma pour mettre en évidence la composition de l'image.

## B) ATELIER « BILDINTERPRETATION »

**5** a. **Observe le document. De quoi s'agit-il ?**
b. **Liste en allemand les éléments que tu identifies sur la photo (bâtiments, personnes…).**
c. **Présente cette image à la classe.**

**Freiburg im Breisgau, Stadtteil Vauban**

# East Side Gallery

Parcours artistique

**1** Schau dir das Foto an.

**a.** Was stellt es dar?

**b.** Was ist das Besondere an diesem Kunstwerk? Wo befindet es sich wohl?

Jim Avignon, 2013

**2** Lies den Artikel und die Biografie.

**a.** Was erfährst du über die East Side Gallery?

**b.** Wer ist Jim Avignon? Was will er zeigen?

## DIE EAST SIDE GALLERY IN BERLIN

Nach dem Mauerfall 1989 kamen Künstler aus der ganzen Welt nach Berlin. Sie wollten ihre Hoffnung ausdrücken. Die Berliner Mauer war der beste Platz dafür. So entstand die East Side Gallery auf einem Mauerstück von 1,3 km. Über 100 Street Artists verwandelten die graue Mauer in bunte Bilder. Dieser Teil der Mauer wurde so zu einem Zeitzeugnis[1] und einem Symbol der Hoffnung.

1. *le témoin d'une époque*

### Jim Avignon
(*1968)

Der Pop Art-Künstler arbeitet als Maler, Musiker und Illustrator in Berlin. 1991 bemalte er einen Abschnitt der Berliner Mauer, den er 2013 selbst wieder übermalte. In seinen Werken kritisiert er die Macht des Geldes und die moderne Informationsgesellschaft, die dem Individuum immer weniger Platz lässt.

**SPIEL DEN STREET ARTIST!**

Du möchtest eine graue Wand in deiner Stadt verschönern.
Zeichne einen Entwurf.

# Unser Projekt

## Mit Hilfe einer Fotomontage sein Stadtviertel verschönern

### Etappe 1

Bildet 4er-Gruppen. Sucht oder macht ein Foto von einem Ort (Gebäude, Platz, Park, Straße ...) in eurem Viertel.

TICE

### Etappe 2

Erstellt eine Fotomontage mit *Photo Editor* und verschönert den Platz: Stadtmöbel, Fußgängerzone, Radwege, Bäume ...

### Etappe 3

Präsentiert jetzt eure Montage der Klasse. Die anderen Schüler reagieren und wählen das originellste Projekt aus.

Mainz, Zollhafen (Planung)

## Mon bilan de compétences

| Éléments du Socle commun | Programme du cycle 4 | Connaissances et compétences |
|---|---|---|
| **1.** Communiquer à l'oral et à l'écrit dans une langue étrangère | Compétences langagières<br>A2 | ▶ Relever les points essentiels d'une conversation : quelqu'un qui décrit son lieu préféré ou son quartier.<br>▶ Repérer des informations ciblées dans un texte informatif : témoignage, récit au passé, prospectus.<br>▶ Réagir à une proposition et exprimer ses goûts : discuter d'un choix.<br>▶ Faire la présentation d'un projet : proposer des améliorations pour son environnement quotidien et donner les raisons de son choix.<br>▶ Écrire une description simple ou un court récit : raconter l'évolution d'un quartier. |
| **2.** Apprendre à apprendre | | • Présenter un document iconographique. |
| **5.** S'ouvrir à la diversité des cultures et des modes de vie | Compétences culturelles | • Découvrir différents aspects de villes allemandes, autrichiennes et suisses.<br>• Découvrir des bâtiments auxquels on donne une seconde vie. |
| **5.** Découvrir des formes d'expression artistique et des sensibilités esthétiques | | Parcours artistique • L'*East Side Gallery* et le street artist allemand Jim Avignon. |

KAPITEL 4

# Aktiv dabei!

## Je vais apprendre à...

- comprendre des propositions, des arguments.
- parler d'un projet, présenter des objectifs.
- donner un avis, exprimer un accord ou un désaccord.
- participer à un débat.

## Je vais découvrir...

- le rôle d'un *Jugendrat*.
- des formes d'engagement citoyen.
- des actions en faveur des espèces menacées en Allemagne.

**Unser Projekt**

An einer Debatte teilnehmen

# Wir machen mit

Greif zu! p. 56

## 1 Was schlagt ihr vor?

PISTE 20

a. Schau dir die Webseite und die Notizen an. Wer sind vielleicht die Personen auf dem Bild? Was machen sie?

b. Hör dir jetzt das Gespräch an. Worüber diskutieren die Jugendlichen, mit wem? Was schlagen sie vor? Was sind ihre Argumente?

c. Du bist Christian. Schreib das Protokoll der Sitzung im Jugendrat.

Cahier d'activités p. 37

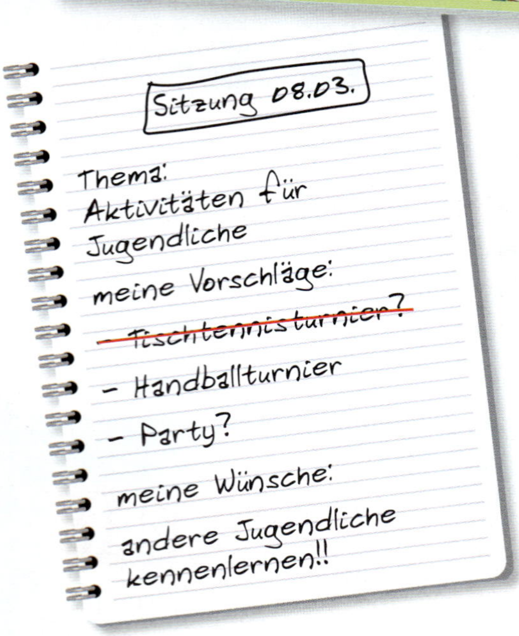

Schwerin

**Sprechtraining**

PISTE 21

[x], [ç] ou [ʃ]

Cahier d'activités p. 38

## 2 Was tun in den Osterferien?

a. Was können die Jugendlichen in den Osterferien machen?

b. Ihr sprecht zu zweit über das Ferienprogramm. Wo wollt ihr mitmachen? Warum?

**Beispiel:** *Schüler A: Ich möchte an dem Street Dance Kurs teilnehmen, um Sport zu machen.*
*Schüler B: Nein, ohne mich! Ich kann nicht gut tanzen. Ich möchte lieber …*

Cahier d'activités p. 38

## 3 Ostereier bemalen

Ingo nimmt an dem Oster-Workshop teil.
Was braucht er? Wozu? Was bringt er mit?
Was braucht er nicht mitzubringen?

Cahier d'activités p. 38

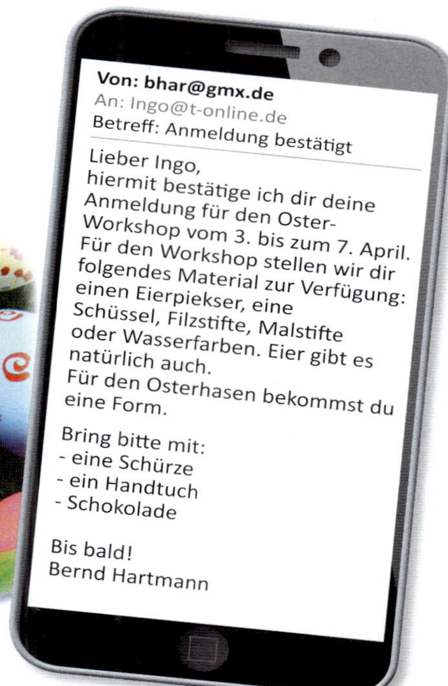

**Von: bhar@gmx.de**
An: Ingo@t-online.de
Betreff: Anmeldung bestätigt

Lieber Ingo,
hiermit bestätige ich dir deine Anmeldung für den Oster-Workshop vom 3. bis zum 7. April.
Für den Workshop stellen wir dir folgendes Material zur Verfügung: einen Eierpiekser, eine Schüssel, Filzstifte, Malstifte oder Wasserfarben. Eier gibt es natürlich auch.
Für den Osterhasen bekommst du eine Form.

Bring bitte mit:
- eine Schürze
- ein Handtuch
- Schokolade

Bis bald!
Bernd Hartmann

## Zwischenstation

### Eine Schulparty organisieren

**Du bist in der Schülervertretung und möchtest eine Schulparty organisieren. Du sprichst über dieses Projekt mit dem Direktor.**

**Spielt die Szene zu zweit.**

**Schüler:** *Die Schülervertretung möchte eine Schulparty machen.*

**Direktor:** *Eine Party? Wozu? Das kommt nicht in Frage!*

## Ich kann's

A2

- Je peux présenter un projet.
- Je sais dire ce dont j'ai besoin.
- Je peux donner mon avis sur un projet.

Schnelltest • Cahier d'activités p. 41

# S1 Greif zu! Activités à la carte

## 1 Ein Verein für jeden von uns

PISTE 22

**Pour réviser le lexique des activités**

**Du hörst Maximilian, Jakob, Emilia und Hannah. Sie sprechen über ihre Hobbies und Interessen. In welchem Verein sind sie? Was machen sie gern?**

**Beispiel:** *Jakob ist im … Er mag … / Er … gern …*

## 2 „Was haltet ihr davon?“

**Pour préparer l'activité 1 page 54 (comprendre un argument pour ou contre)**

**a.** Lies den Chat. Wer will Tischtennis spielen? Wer nicht?

**b.** Wer möchte gern eine Radtour machen? Wer möchte Videospiele spielen? Wer nicht?

| | |
|---|---|
| **Coolskyper** | Tischtennisturnier morgen um halb 10 in der Turnhalle. Wer macht mit? |
| **Chobacka** | Das finde ich toll. Ich komme! |
| **Doc28** | Ich habe nicht gerade Lust auf Tischtennis :(( |
| **Susl** | Ich bin mit dir einverstanden, Tischtennis ist langweilig. Was haltet ihr von einer Radtour im Stadtpark? |
| **Chobacka** | Das klingt toll. |
| **Doc 28** | Die Idee gefällt mir. Und wenn es regnet? |
| **Coolskyper** | Dann gehen wir ins Jugendzentrum und spielen zusammen Minecraft. |
| **Doc 28** | Videospiele spielen? Das kommt nicht in Frage!! |
| **Chobacka** | Du hast Recht. Minecraft ist nicht mein Ding. |

## Grammatik

Mémento pp. 124, 125

### 1 Les groupes indéfinis

| | forme affirmative | forme négative |
|---|---|---|
| sg. | ein Ei | kein Ei brauchen |
| pl. | Ø Eier | keine Eier brauchen |
| partitif | Ø Tee | keinen Tee trinken |

### 2 La proposition infinitive de but

Pour indiquer le but, on peut utiliser une proposition infinitive introduite par *um*.
Le verbe est à l'infinitif, en dernière position, et il est précédé de *zu*.

Wir brauchen Zeit und Geld, **um** das Straßenfest **zu** organisieren.

⚠ Wir brauchen Zeit, **um** das Projekt vor**zu**bereiten.

⚠ Le sujet sous-entendu de la proposition infinitive est obligatoirement le même que celui de la principale.

**1 Redonne sens au dialogue en intégrant les éléments manquants : *die, ein, eine, kein, keine* ou Ø pour indiquer l'absence de déterminant.**

**a.** Wir organisieren … Fest am Dienstag. Macht ihr *mit*? **b.** Ich kümmere mich um … Musik. Habt ihr … Stereoanlage? **c.** Ja, wir haben … Stereoanlage von Christians Eltern. Leider haben wir … Lautsprecherbox und … Mikrofon. **d.** Das finde ich schon. Ich kann auch … Kuchen backen. Ich brauche aber … Eier und … Butter. Kannst du *ein*kaufen gehen? **e.** Tut mir leid, ich habe … Zeit.

**2 Quels projets pour la ville ? Relie les deux propositions.**

**a.** Lisa und Justus organisieren ein Straßenfest. Sie wollen ihren Stadtteil attraktiver machen.
**b.** Lisa plant einen Museumsbesuch. Sie will die Jugendlichen für Kunst sensibilisieren.
**c.** Die Bürgermeisterin braucht Geld. Sie will eine neue Sporthalle finanzieren.
**d.** Justus möchte ein Jugendzentrum haben. Er will nette Leute kennenlernen.

Cahier d'activités p. 39

## Vokabelfabrik

Cahier d'activités p. 40

### 1 Mitreden, mitmachen

**aktiv sein**

eine Idee haben
an etwas (+ A) denken
etwas *vor*schlagen
einen Vorschlag machen
im Jugendrat sein
bei einem Projekt *mit*machen
an einer Debatte *teil*nehmen

**Was haltet ihr davon?**

| 🙂 | ☹ |
|---|---|
| Das finde ich interessant. | Warum nicht? |
| Die Idee gefällt mir. | Tja …, ich weiß nicht. |
| Das klingt toll. | Das geht nicht. |
| Das stimmt. / Du hast Recht. | Ich habe nicht gerade Lust auf … |
| Ich bin mit dir einverstanden. | Ich bin dagegen. |
| Ich bin dafür. | Das kommt gar nicht in Frage. |

### 2 Wörter verstehen – Wörter bilden

**a. Compare le sens et la construction de ces deux phrases. Qu'observes-tu ? Comment exprimerais-tu la même idée en français ?**

Wir gehen ins Schwimmbad. → Kommst du mit uns?
Wir gehen ins Schwimmbad. → Kommst du *mit*?

**b. Choisis le verbe qui convient et conjugue-le à la forme voulue : *bringen, fahren, machen, nehmen, spielen.***

- … du bei dem Projekt auch *mit*?
- Wir spielen Monopoly. … ihr *mit*?
- Kommst du auf die Party? … Getränke *mit*!
- Wir fahren an den See. … deinen Fotoapparat *mit*!
- Wir nehmen das Auto. Wollen Sie *mit*…?

# Station 2 Engagiere dich!

Greif zu! p. 60

## 1 Engagement ist bunt

MP3 PISTE 23

a. Schau dir die Bilder an. Zu welchem Bild passt welche Aktion? Wofür engagieren sich diese Jugendlichen?

b. Hör dir drei Berichte an. Welcher Bericht passt zu welchem Bild? Begründe deine Antwort.

c. Und du? Bei welcher Aktion möchtest du gern mitmachen? Warum?

Cahier d'activités p. 42

A

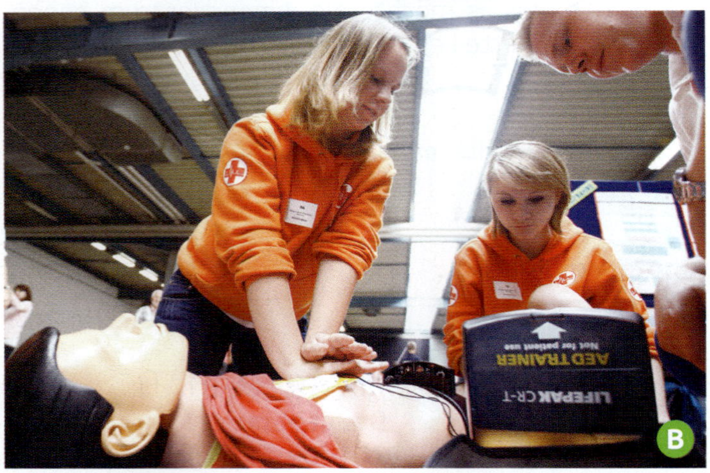

B

C

1 Schulsanitäter geben Kindern Erste-Hilfe-Kurse beim Roten Kreuz.

2 Junge Freiwillige schenken Senioren Zeit und Aufmerksamkeit.

3 Jugendliche sammeln Plastikmüll und setzen sich für saubere Gewässer ein.

**Sprechtraining**

[s], [z] ou [ts]

Cahier d'activités p. 43

MP3 PISTE 24

## 2 Tierschutz

**a.** Schau dir den Terminkalender an. Wie können sich Jugendliche für Tiere engagieren?

**b.** Jetzt willst du dich engagieren. Diskutiere mit einem Mitschüler.

Beispiel: *Schüler A: Was soll ich machen, wenn ich Eier kaufe? / Was sollen wir machen, wenn …?*
*Schüler B: Du sollst … / Ihr sollt …*

Cahier d'activités p. 43

DEUTSCHER TIERSCHUTZBUND E.V. JUGEND | Helfen | Lernen | Tiere | Tipps

**Kurse im Frühjahr**

| Wann? | Was? | Mehr Infos |
|---|---|---|
| 16.04.<br>14 Uhr | **„Kein Ei mit drei"**  | 0, 1, 2 oder 3? Was bedeutet der Code auf dem Ei? Welche Nummer soll ich wählen? Wir essen Eier, aber wie leben die Hühner? Dies und mehr wirst du im Kurs erfahren. |
| 22.05.<br>18 Uhr | **Teens kochen vegetarisch**  | Welche Alternative gibt es zum Fleisch? In unserem Tierschutzjugend-Kochstudio werden wir kochen und backen. Dabei werden wir viele neue vegetarische Rezepte ausprobieren. |
| 03.06.<br>10 Uhr | **Alles für die kranke Katz'**  | Wie können wir kranken Katzen im Tierheim helfen? Wir basteln „Recycling-Spielzeug" aus Schuhkartons und Joghurt-Bechern für die kranken Katzen. So gibt es keine Langeweile mehr im Tierheim! |

## 3 Vegetarisch essen: pro oder contra?

Diskutiert in der Klasse.

Cahier d'activités p. 43

### Vokabeln

- gesund ≠ ungesund
- sich ernähren *se nourrir*
- dafür ≠ dagegen sein
- die Tierquälerei *la maltraitance animale*

## Zwischenstation

### So engagiere ich mich

**a.** Du möchtest dich in deiner Schule / in deiner Stadt engagieren. Stelle der Klasse dein Projekt vor.

Beispiel: *Ich möchte … helfen. / Ich möchte mich für … einsetzen.*

**b.** Die anderen Schüler können reagieren.

Beispiel: *Du sollst aber …*

## Ich kann's A2

- Je sais indiquer ce que quelqu'un doit faire.
- Je sais donner mon avis.
- Je peux justifier mes choix.

Schnelltest • Cahier d'activités p. 46

# S2 Greif zu! Activités à la carte

## 1 Engagement-Wegweiser

Pour préparer l'activité 1 page 58 (lexique de l'engagement)

a. Assoziiere die Sprechblasen mit einem der Themen aus dem Flyer.

b. Wofür willst du dich einsetzen?

**Beispiel:** *Ich will mich für die Natur einsetzen. Ich kann …*

Müll sammeln

Kurse geben

Tiere schützen

sich mit Menschen unterhalten

Sanitäter sein

Zeit und Aufmerksamkeit schenken

Strände säubern

anderen helfen

Gewässer sauber halten

sich gesund ernähren

## 2 Tipps für die Erste Hilfe

Pour aller plus loin dans l'emploi de *sollen*

Ein Schüler hat sich in der großen Pause verletzt. Was soll die Schulsanitäterin machen?

**Beispiel:** *Im Ratgeber steht, dass die Schulsanitäterin Hilfe rufen soll. …*

**H**ilfe rufen

**E**rmutigen

**L**ebenswichtige Funktionen kontrollieren

**D**ecken holen / den Verletzten zudecken

**I**mmer ruhig bleiben

**N**icht allein lassen

## Grammatik

Mémento pp. 126, 127, 130

### 1 Le verbe *sollen*

*Sollen* exprime une obligation ou une recommandation émise par un tiers.

Die Trashbusters **sollen** Müll sammeln.

### 2 Les pronoms personnels au datif

| | sg. | pl. |
|---|---|---|
| 1re pers. | **mir** | **uns** |
| 2e pers. | **dir** | **euch** |
| 3e pers. m. / n. | **ihm** | **ihnen** |
| 3e pers. f. | **ihr** | **ihnen** |
| Forme de politesse | **Ihnen** | **Ihnen** |

### 3 Les pronoms réfléchis

Le pronom réfléchi ne se distingue du pronom personnel qu'à la 3e personne (sg. et pl.).

Der Junge interessiert **sich** für Musik.

Die Jugendlichen engagieren **sich** für Tiere.

**1 La directrice de la maison de retraite donne des recommandations à Svenja et Tobias. Complète avec la forme du verbe *sollen* qui convient.**

**a.** Svenja und Tobias, ihr … dieses Formular ausfüllen. Eure Eltern … es dann lesen und unterschreiben.
**b.** Ihr … vor allem mit den Senioren reden.
**c.** Aber Svenja, du … nicht so laut sprechen. Du störst die Leute.
**d.** „… ich Gesellschaftsspiele mitbringen?" fragt Tobias.

**2 Complète cet article par le pronom qui convient.**

Immer mehr Schüler engagieren … als Schulsanitäter, wie zum Beispiel Sascha. Er trifft heute jüngere Mitschüler und stellt … und sein Team vor: „Wir sind Schulsanitäter. Es macht … Spaß, unseren Mitschülern zu helfen. Wir helfen …, wenn sie krank sind oder einen kleinen Unfall haben. Natürlich könnt ihr … alle Fragen zum Thema Gesundheit stellen. Und ich kann … auch Erste-Hilfe-Kurse geben."

Cahier d'activités p. 44

## Vokabelfabrik

Cahier d'activités p. 45

### 1 Rund ums Engagement

**Engagier dich!**

die Aktion(en)
das Projekt(e)
sich für etwas engagieren
sich für etwas einsetzen
sich über etwas informieren

Müll sammeln
Strände reinigen
Gewässer säubern
Tiere schützen
sich gesund ernähren

**Sei sozial aktiv!**

jemanden betreuen
jemandem helfen
sich mit jemandem unterhalten
jemandem etwas bringen / geben
jemandem Zeit schenken

### 2 Wörter verstehen – Wörter bilden

**a. Observe comment sont formés les noms ci-dessous.**

*schützen → der Schutz* *die Natur schützen → der Naturschutz*

**b. Complète avec les mots manquants.**

| Verbes | Noms | Verbes | Noms |
|---|---|---|---|
| • schützen | der Schutz | • vorschlagen | ◆◆◆ |
| • ◆◆◆ | die Verschmutzung | • ◆◆◆ | das Engagement |
| • sich ernähren | ◆◆◆ | • ◆◆◆ | der Einsatz |
| • helfen | ◆◆◆ | • schenken | ◆◆◆ |
| • ◆◆◆ | die Betreuung | • ◆◆◆ | der Besuch |

**c. Relève les noms formés à l'aide du suffixe *-ung*. Que remarques-tu ?**

# Gruppenpuzzle

## Die Deutschen: ein Herz für Tiere

IN GRUPPEN

**a.** Bildet vier Gruppen. Jede Gruppe befasst sich mit einem Beitrag und notiert Informationen.

**b.** Jede Gruppe informiert die anderen und tauscht die Informationen aus.

**c.** Bildet neue Gruppen. Sucht euch ein Tier aus, das ihr schützen wollt. Macht dann einen Flyer zum Thema.

### 1 Kegelrobben kehren zurück!

**a.** Schaut euch das Video an. Notiert Informationen über das Tier: Wo lebt es? Seit wann? Was braucht es zum Leben?

**b.** Von welcher Aktion spricht die Robbenexpertin? Welche Konsequenzen hat diese Aktion?

DVD classe

VIDEO

*Die Rückkehr der Kegelrobbe an die deutsche Ostseeküste, WWF, 2012*

### 2 Hilfe für Eichhörnchen

**a.** Schaut euch die Webseite an. Worüber informiert sie?

**b.** Was erfahrt ihr über Eichhörnchen? Worauf sollt ihr achten?

**DU HAST EIN EICHHÖRNCHEN GEFUNDEN: WAS IST JETZT ZU TUN?**

- Nimm das Tier zu dir und wärme es.
- Pass auf: Gibt es andere Eichhörnchen, die deine Hilfe brauchen?
- Situation 1: Die Mutter ist in der Nähe und sucht das Tier. Setz das Eichhörnchen wieder auf den Boden und warte. Vielleicht kommt die Mutter. Aber achte auf Katzen oder Hunde in der Nähe. Halte sie fern!
- Situation 2: Das Eichhörnchen ist allein. Es braucht deine Hilfe. Nimm es mit nach Hause und gib ihm etwas Wasser mit Honig.
- Ruf dann eine Pflegestelle in der Nähe an. Sei bitte vorsichtig: Kranke Tiere haben Angst!

## 3 Schutzstation Wattenmeer

**a.** Schaut euch den Prospekt und das Foto an. Worum geht es wohl?

**b.** Lest den Text. Was erfahrt ihr über das Wattenmeer? Was ist die Aufgabe der Schutzstation? Was bietet sie für Jugendliche an?

### Vogelführung in der Schutzstation Wattenmeer

**Auf dem Flug von der Arktis zu ihren Wintergebieten in Afrika rasten[1] jedes Jahr Millionen von Vögeln an der Nordseeküste im Wattenmeer. Dort können sie Nahrung finden und auch brüten[2]. Dank Umwelt- und Naturschutz gibt es hier heute Vogelarten, die fast völlig verschwunden waren, wie zum Beispiel den Seeadler.**

Weißt du, wie viele Vogelarten im Wattenmeer leben? Hast du Lust, sie mit dem Fernglas zu beobachten? Möchtest du den Detektiv spielen und auf Spurensuche gehen?

Komm zu unserer Vogelforschertour am 20. März! Du wirst viel Interessantes über Vögel erfahren.
Du wirst auch lernen, warum das Wattenmeer wichtig für Zug- und Brutvögel ist.

Seeadler

WATTENMEER WELTNATURERBE

Unsere Schutzstation Wattenmeer ist ein Umweltverband. Wir engagieren uns gegen Meeresverschmutzung und wir unterstützen den Nationalpark Wattenmeer.

1. *font une halte, se reposent*
2. *couver*

Classe

## 4 Vorsicht: Kröten und Frösche!

**a.** Schaut euch die Bilder an. Worum geht es?

**b.** Hört euch dann das Interview an. Notiert Informationen über Thomas' Aktionen.

# Lernen zu lernen

## An einer Debatte teilnehmen

### A) ANALYSER UN DÉBAT

MP3 PISTE 20

**1** Réécoute le dialogue de la *Station 1* page 54. Relève 3 propositions faites par les membres du *Jugendrat*. Par quelles expressions sont introduites ces affirmations ?

**2** Pour chaque proposition, repère les réactions des autres personnes : sont elles positives ou négatives ?

MP3 PISTE 20

**3** Écoute le dialogue une nouvelle fois et repère pour une proposition précise un argument « pour » et un argument « contre » cette proposition.

**4** Lis le script du dialogue sur collegien.nathan.fr/gf2neu et relève les expressions qui expriment un accord et un désaccord.

Cahier d'activités p. 47

**TIPP** Pour réagir à une affirmation dans un débat, il faut d'abord être capable de l'identifier.

**TIPP** Dans un débat, sois attentif à l'intonation pour comprendre le point de vue de ton interlocuteur.

**TIPP** Dans un débat, il est conseillé d'établir au préalable une liste avec des arguments. Cela te permettra de t'exprimer plus facilement.

**TIPP** Pour participer à un débat, il faut connaître les expressions qui permettent d'exprimer un jugement et de réagir à une affirmation (cf. *Vokabelfabrik* p. 57).

### B) ATELIER « DEBATTE: HAUSTIERE, PRO ODER CONTRA »

**5** **a.** La classe est divisée en deux. Le groupe A cherche des arguments pour, le groupe B des arguments contre. Chaque groupe classe les arguments par thème, puis réactive le lexique pour exprimer son opinion, son accord et son désaccord (*Vokabelfabrik*, p. 57).

**b.** Un élève du groupe A propose un argument pour justifier le fait d'avoir des animaux chez soi. Un élève du groupe B doit le contredire en trouvant une réponse adaptée. Puis c'est à nouveau à un élève du groupe A de réagir.

Cahier d'activités p. 47

# Solidarisch sein



Parcours citoyen

## 1 Eine Aktion?

**Schau dir zuerst das Foto an.**
**Was machen wohl diese Jugendlichen? Stelle Hypothesen auf.**

## 2 Sternmarsch für die Flüchtlinge

**Lies jetzt folgenden Zeitungsartikel.**
**Wer sind diese Jugendlichen? Was machen sie? Warum?**

### SÜDWEST PRESSE

Sie laufen. Manche nur drei oder vier Kilometer, andere mehr als zehn. Und jeder Kilometer bringt eine Spende[1] von Sponsoren für die Flüchtlinge[2] ein, manche konnten viele Sponsoren gewinnen, andere wenig, aber das ist nicht wichtig. Denn die Spenden sind nicht das Wichtigste für die 950 Schüler, die sich gestern auf den Weg gemacht haben, um zu Fuß ins Graf-Eberhard-Gymnasium zu wandern.

„Wir wollen ein Zeichen setzen", sagen sie, „wir wollen nicht nur Geld geben." (...)

„Ich finde es cool, dass wir das heute machen", sagt der 14-jährige Leon, „wir wissen, dass wir nicht umsonst laufen, sondern für einen guten Zweck[3]."

Anja Weiss, *Ermstalbote*, 14.11.2015

**1.** *un don* **2.** *les réfugiés* **3.** *une bonne cause*

### AUF DEN PUNKT GEBRACHT

Présente à la classe la marche des lycéens du Graf-Eberhard-Gymnasium.
Réfléchis avec tes camarades à d'autres actions possibles.

# Unser Projekt

## An einer Debatte teilnehmen

### Etappe 1

Denkt euch ein Thema aus und sucht nach Fakten, Argumenten und Beispielen.

**Themenvorschläge**

- Ist Umweltschutz die Priorität im 21. Jahrhundert?
- Soll man sich für Tiere engagieren?
- Ist Sport wichtig für unser Leben?

TICE

### Etappe 2

**a.** Bildet 2 Gruppen von je 4 Schülern. Jede Gruppe vertritt einen Standpunkt (dafür oder dagegen) und fasst ihre Argumente zusammen.
**b.** Ihr könnt ein Plakat machen oder eine *OpenOffice*-Präsentation erstellen.
**c.** Zwei Moderatoren bereiten eine Einleitung vor, um das Thema vorzustellen.

### Etappe 3

**a.** Die Moderatoren stellen das Thema vor.
**b.** Jede Gruppe hat 3 Minuten, um ihren Standpunkt zu vertreten und Argumente vorzubringen.
**c.** Die zwei Gruppen diskutieren (ca. 5 Minuten).
**d.** Eine Jury zieht Bilanz und urteilt, welche Gruppe besser argumentiert hat.

## Mon bilan de compétences

| Éléments du Socle commun | Programme du cycle 4 | Connaissances et compétences |
| --- | --- | --- |
| 1. Communiquer à l'oral et à l'écrit dans une langue étrangère | Compétences langagières A2 | ▶ Comprendre un message oral pour enrichir un point de vue (propositions, projets).<br>▶ Repérer des informations ciblées dans un document : description d'un projet.<br>▶ Réagir à des propositions, exprimer un avis.<br>▶ Présenter un projet, expliquer ses choix.<br>▶ Rédiger un compte rendu. |
| 2. Apprendre à apprendre | | • Organiser un débat. |
| 3. La formation de la personne et du citoyen | Compétences culturelles | • Découvrir des actions en faveur des espèces menacées en Allemagne. |
| 5. S'ouvrir à la diversité des cultures et des modes de vie | | Parcours citoyen • Découvrir des formes d'engagement citoyen en Allemagne. |

KAPITEL 5

# Mit Musik geht alles besser

## Je vais apprendre à...

- comprendre un avis, un argument pour ou contre.
- repérer des informations dans un programme, un témoignage, un récit.
- parler de mes goûts musicaux, exprimer une préférence.
- reformuler une question directe.
- raconter un événement.
- préparer une évaluation.

## Je vais découvrir...

- des festivals de musique.
- des chanteurs et groupes germanophones.
- les *Lunchkonzerte* à la Philharmonie de Berlin.
- une comédie musicale de Michael Kunze : *Mozart!*

## Unser Projekt

Eine Sendung zum Thema „Musikgeschmack" machen

# Station 1 Was hörst du am liebsten?

Greif zu! p. 70

## 1 Musikfestival Breminale

PISTE 25

a. Schau dir das Programm an. Welche Musik kann man auf dem Festival hören?
b. Hör dir das Interview an. Was hören Aya, Christopher und Daniel gern?
c. Was ist ihr Festivalprogramm?
d. Und du? Was hörst du am liebsten? Welche Konzerte des Festivals interessieren dich?

Cahier d'activités p. 48

| | Tag 1 Samstag | | Tag 2 Sonntag | |
|---|---|---|---|---|
| 16.00 | Bail | Overground | Chillout | Projekt Mojo |
| 18.00 | Tonewood | Lenny Morris | DJ Matthias Zimmermann | DJ HiFiLab |
| 20.00 | Sophie Hunger | 17 Hippies | Bushido | Seeed |
| 22.00 | Milky Chance | Mighty Vibez | Auletta | Cro |

Pop / Rock · Indie / World Music / Elektro · Rap / Hip Hop · RnB / Pop · Reggae / Ska

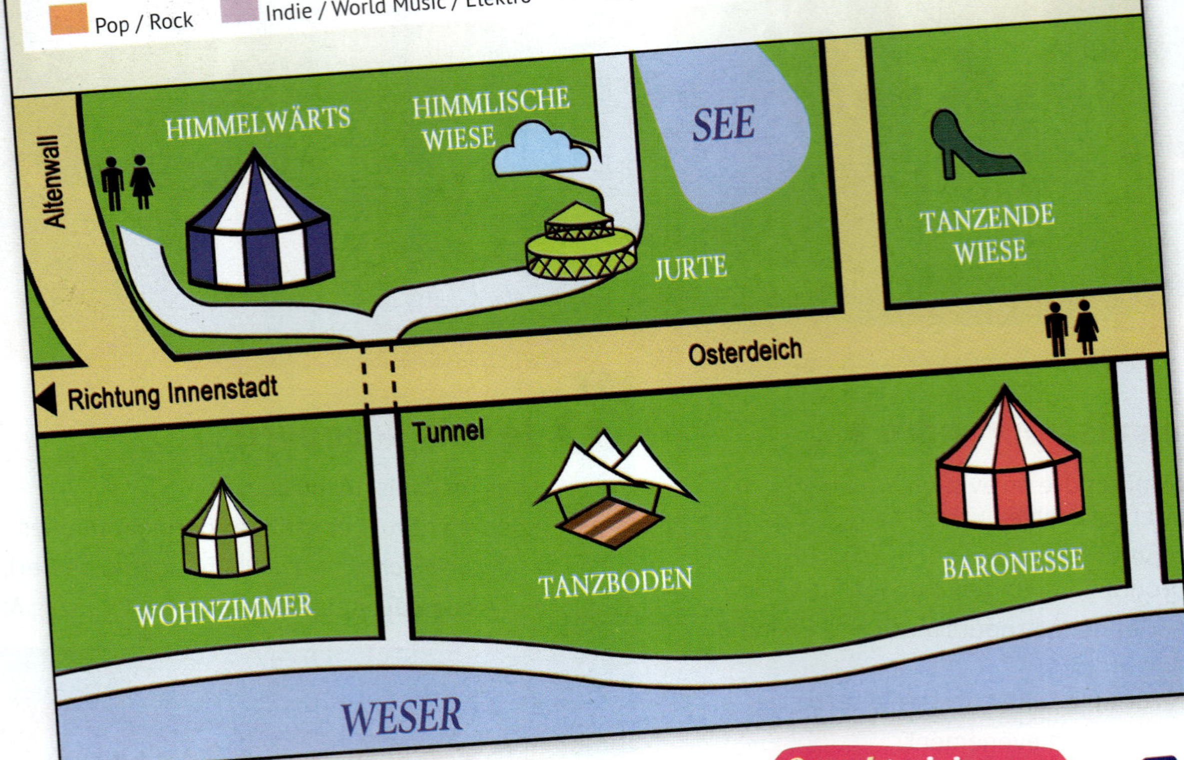


**Sprechtraining**

« h » en début de mot : [h]

Cahier d'activités p. 49

PISTE 26

## 2 Radio Innsbruck

**a.** Lies die Tweets. Was gefällt den Zuhörern? Was gefällt ihnen nicht?
Beispiel: *FrauM findet … schöner als …*

**b.** Schreib einen Tweet mit deinem Musikwunsch (max. 140 Schriftzeichen).

Cahier d'activités p. 49

**@Paulus** Folgen
#Radio-Innsbruck Spielt bitte das Lied „Die ganze Welt" von Sophie Hunger. Es läuft nicht so oft … Schade.

**@FrauM** Folgen
#Radio-Innsbruck Eure Playlist ist echt mies. Das Hip Hop-Programm ist am schlimmsten. World Music ist schöner.

**@Nikolaus** Folgen
#Radio-Innsbruck Mehr Reggae / Elektro und weniger Hip Hop. Am besten Milky Chance „Stolen Dance": die beste Band der Welt.

**@Violett** Folgen
#Radio-Innsbruck Danke, ihr seid super! Könnt ihr noch mehr Hip Hop spielen? Das wäre toll!

**@Simone15** Folgen
#Radio-Innsbruck Möchte heute gern mein Lieblingslied hören: „Nur ein Wort" von Wir sind Helden. Pop/Rock gefällt uns immer am besten!

## 3 Welcher Stil passt zu dir?

Vergleiche die beiden Sänger. Wen möchtest du lieber hören, Annett Louisan oder Cro?

Cahier d'activités p. 49

*1977
Stil: Pop, Chanson
2016: Album *Berlin, Kapstadt, Prag* mit deutschsprachiger Version von David Bowies *Heroes*

*1990
Stil: Rap und Pop
Hit: *Traum* (2014)
Besonderes Kennzeichen: trägt eine Pandamaske

## Zwischenstation

### Musik-Hitparade

**a.** Such dir ein Musikstück aus und stelle es der Klasse vor.

**b.** Hört euch ein paar Musikausschnitte an und sagt, was ihr am besten findet.

**c.** Die Klasse erstellt dann eine Musik-Top-Ten.

## Ich kann's

A2

- Je peux comprendre des arguments pour ou contre.
- Je sais parler de mes goûts musicaux.
- Je peux comparer, exprimer une préférence.

Schnelltest • Cahier d'activités p. 52

## 1 Musikstile

Pour préparer l'activité 1 page 68

PISTE 27

**a.** Hör dir die verschiedenen Musikstile an. Was passt zusammen?

Beispiel: *Nummer 1 passt zu …*

**b.** Was magst du? Was magst du nicht?

### Vokabeln

- (nicht) mögen
- (nicht) gern hören
- jemandem gefallen
- etwas super finden
- mein Stil sein

## 2 Gut, besser, am besten?

Pour consolider l'emploi du superlatif de l'adjectif et de l'adverbe

Bilde Sätze mit dem Superlativ.

Beispiel: *Dietrich Fischer-Dieskau war … / hatte … / hat … gesungen. Seine CDs …*
*Auf dem Festival waren die 17 Hippies … / Sie haben … / Ich finde sie …*

**Dietrich Fischer-Dieskau (1925-2012)**

- ein bekannter Sänger sein
- berühmte Lieder singen
- ein guter Interpret sein
- eine schöne Stimme haben
- eine lange Karriere haben
- viele Preise bekommen
- in großen Konzertsälen singen
- gut gefallen
- gern hören

**Die 17 Hippies**

- eine aktuelle Musik spielen
- ein reichhaltiges Repertoire haben
- mit originellen Instrumenten spielen
- kreativ sein
- cool wirken
- lustig finden
- gern mögen

## Grammatik

› Mémento p. 128

### 1 Le comparatif

- **Égalité ou infériorité**
  Dieser Rapper singt **so** gut **wie** Cro.
  Aber er ist **nicht so** bekannt **wie** Cro.
- **Supériorité**
  In der Jurte ist es schön**er als** in den großen Zelten.

⚠ Certains adjectifs prennent une inflexion au comparatif : *älter, jünger, größer, länger…*

⚠ Formes irrégulières

gut → besser     gern → lieber
viel → mehr     hoch → höher

### 2 Le superlatif de l'adverbe

Au superlatif, l'adverbe et l'adjectif attribut prennent la forme ***am …-sten***.

Diese Musik finde ich **am schönsten**.

⚠ gut → **am** besten   gern → **am** liebsten
viel → **am** meisten

**1 Complète les énoncés suivants. Utilise si besoin les éléments entre parenthèses.**

**a.** Rap gefällt mir so … wie Hip Hop. (gut)
**b.** Dieser DJ ist nicht … berühmt … David Guetta.
**c.** Dieses Jahr dauert das Festival länger … letztes Jahr.
**d.** Die Akustik ist hier … als im großen Zelt. (gut)
**e.** Ich höre … Elektro … Rock. (gern)
**f.** Es sind … Leute auf diesem Konzert … auf dem Rockkonzert gestern. (viel)

**2 Complète ce que disent les trois amis en mettant les éléments entre parenthèses au superlatif.**

**a.** Das Konzert beginnt um 9. Los! Mit der U-Bahn sind wir (schnell) dort.
**b.** Das Zelt ist (groß), aber auch (kalt).
**c.** Diese Band gefällt mir (gut).
**d.** Sophie Hunger höre ich (gern). Ihre Stimme finde ich (schön).
**e.** Zu Hause höre ich Hip Hop (selten).

› Cahier d'activités p. 50

## Vokabelfabrik

› Cahier d'activités p. 51

### 1 Musikalisch interessiert?

die Musik
der Musikstil(e)
der Sänger(-) / die Sängerin(nen)
die Band(s)
das Lied(er)
der Song(s)

das Musikfestival(s)
das Programm
die Bühne(n)
das Zelt(e)
die Stimmung

Ich höre gern Hip Hop.
Ich stehe voll auf Rap.
Diese Band gefällt mir sehr.
Ich mag diese Stimmung sehr.
Diesen Sänger finde ich schrecklich.

### 2 Wörter verstehen – Wörter bilden

**a. Complète cet associogramme avec des mots ou expressions que tu connais.**

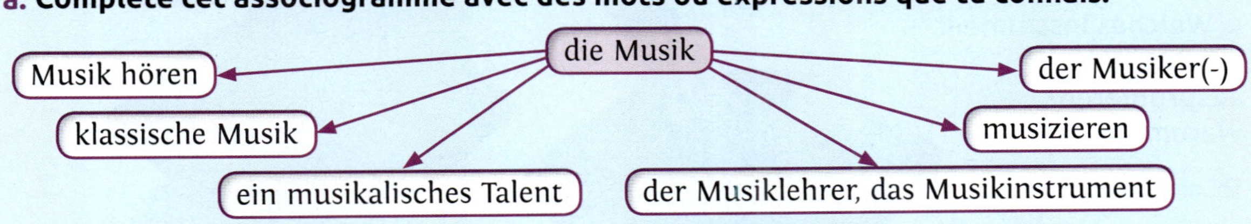


**b. Trouve les équivalents allemands de ces mots anglais.**

sing – singer – song – music – musician – musical – concert – instrument

# Station 2 Musik erleben

Greif zu! p. 74

## 1 Tipps für Musikhungrige

**a.** Lies den Newsletter. Was charakterisiert ein „Lunchkonzert"?

**b.** Was organisiert die Philharmonie für die Jugendlichen noch?

Cahier d'activités p. 53

**newsletter@berliner-philharmoniker.de**

Newsletter / Nummer 4 > Frühjahrsprogramm

BERLINER PHILHARMONIKER

### Musik zum Lunch

Am letzten Dienstag spielten die Berliner Philharmoniker in der Mittagspause Musikstücke von Schubert vor fast 1200 Zuhörern! Kommen auch Sie in die Philharmonie und genießen Sie jeden Dienstag ein 40-minütiges Konzert im Foyer. Der Eintritt ist frei und Sie können auch eine Kleinigkeit zu essen kaufen.

Nach dem Konzert können Jugendliche zwischen 13 und 17 Jahren erfahren, wie die Musikinstrumente klingen. Mit Studenten der Berliner Musikhochschule lernen sie zum Beispiel, woher unsere Instrumente kommen und seit wann es jedes Instrument gibt. Dann können die Teilnehmer auch einige ausprobieren, um herauszufinden, ob sie ein Instrument lernen möchten.

### Nächste Lunchkonzerte

Dienstag,
12. April
13:00 Uhr
Philharmonie Foyer

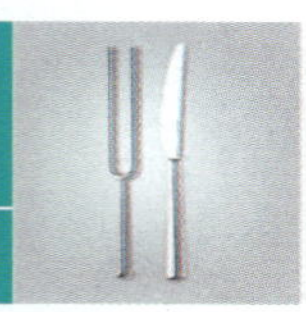

Lunchkonzert
**Johannes Brahms** *Sonate für Klavier und Violine Nr. 3*

*Eintritt frei.*

Mehr lesen

## 2 Neue Klänge

PISTE 28

**a.** Hör dir die Szene an. Was machen die Jugendlichen? Mit wem?

**b.** Welche Instrumente werden genannt? Notiere Informationen zu jedem Instrument.

**c.** Welches Instrument möchtest du ausprobieren? Warum?

Cahier d'activités p. 53

**Sprechtraining**

**Le son [ŋ]**

Cahier d'activités p. 54

PISTE 29

## 3 Ein deutsches Musiktalent

**a.** Partnerarbeit: Schüler A sucht nach Informationen über den Sänger Tim Bendzko. Schüler B hat sich Notizen gemacht. Schüler A stellt Schüler B Fragen.

Beispiel: ***Schüler A:*** *Weißt du, ob … Kannst du mir sagen, wann …*

**b.** Schreib dann einen kurzen Artikel über die Karriere von Tim Bendzko.

Cahier d'activités p. 54

Schüler A

- Geburt (Wo? Wann?)
- Schule? Studium?
- Aktivitäten (Sport? Musik? Instrumente? Texte schreiben? Theater spielen? …)
- Beginn seiner Karriere als Sänger? Musikstil?
- Alben? Tourneen?
- Preise? Auszeichnungen?

Schüler B

### TIM BENDZKO

» am 9. April 1985 in Ost-Berlin geboren
» besuchte ein Sportgymnasium und spielte als Junior im Fußballclub Union Berlin
» lernte Gitarre (mit 12) und komponierte eigene Lieder
» machte Abitur und studierte Theologie in Berlin
» 2009: gewann einen Wettbewerb und durfte mit den *Söhnen Mannheims* vor 20 000 Zuschauern spielen
» 2011: erstes Album (Soul-Balladen)
» erhielt mehrere Preise und Auszeichnungen
» 2012: erste Tournee durch Deutschland
» weitere Tourneen, auch durch Österreich, die Schweiz, Luxemburg

## Zwischenstation

### Mein besonderes Musikerlebnis

**a.** Beschreibe ein Erlebnis, das du mit Musik verbindest. Es kann z.B. ein Stück sein, das du sehr magst, ein Musikinstrument, das du lernst, oder ein Konzertbesuch.

**b.** Die anderen Schüler stellen Fragen.

## Ich kann's

A2

- Je peux comprendre des informations dans un récit au passé.
- Je sais reformuler une question directe.
- Je peux décrire un événement passé.

Schnelltest • Cahier d'activités p. 57

# S2 Greif zu! Activités à la carte

## 1 Zeitangaben

Pour préparer l'activité 2 page 72

**a.** Ergänze die Zeitleiste. Achte auf die chronologische Reihenfolge!

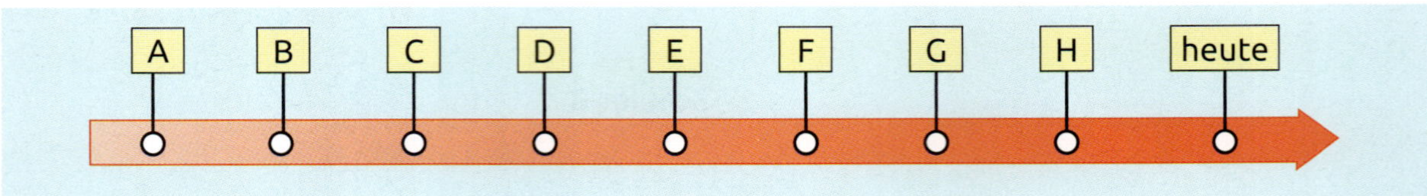


vor drei Monaten | gestern | 1976 | vor einer Woche | vor zehn Jahren

letztes Jahr | im Jahre 2005 | vorgestern

**b.** Der Countdown läuft! Wann wird die neue Konzerthalle eröffnet? Formuliere Zeitangaben im Dativ.

**Beispiel:** *In einem Jahr ...*

## 2 So startet man eine Musikkarriere

Pour préparer l'activité 3 page 73

Was passt zusammen? Ordne zu.

Gitarrenunterricht an der Musikschule

## Grammatik

Mémento pp. 123, 131-132

### 1 L'interrogative indirecte

- Question partielle : la subordonnée est introduite par l'interrogatif en ***w-***.
  Wie klingt das Instrument? → Die Schüler möchten wissen, **wie** das Instrument **klingt**.
- Question globale : la subordonnée est introduite par la conjonction de subordination ***ob***.
  Darf ich die Trompete ausprobieren? → Kirsten fragt, **ob** sie die Trompete ausprobieren **darf**.

### 2 Le prétérit des verbes faibles

Le prétérit des verbes faibles se forme en ajoutant la marque ***-te*** au radical :
lernen → er **lernte**
On ajoute ensuite les terminaisons de personne : ***Ø, -st, Ø, -n, -t, -n.***

⚠ Les verbes dont le radical se termine par ***-t*** ou ***-d*** prennent un ***-e*** intercalaire :
antworten → er antwortete

**1 Rapporte les questions posées par les participants à l'atelier.**

**a.** Wann beginnt der Workshop? → Die Besucher wissen nicht genau, … **b.** Gibt es auch eine Tuba im Sinfonieorchester? → Tim fragt sich, … **c.** Wie lange dauert das Studium an der Musikhochschule? → Sören weiß nicht, … **d.** Können wir die Instrumente *aus*probieren? → Die Jugendlichen möchten wissen, … **e.** Spielst du ein Musikinstrument? → Amelie fragt Simon, … **f.** Wie spielt man dieses Instrument? → Kirsten versteht nicht, …

**2 Complète l'article sur le duo allemand „Ich + Ich" en conjuguant les verbes entre parenthèses au prétérit.**

Im Jahre 2004 (bilden) der Sänger Adel Tawil mit der Musikproduzentin Annette Humpe das Duo „Ich + Ich". Nach einem Jahr (veröffentlichen) sie ihr erstes Album. Annette (studieren) Komposition und (lernen) Klavier, sie (komponieren) also Songs für Adel. Zusammen (produzieren) sie viele Lieder. Insgesamt (verkaufen) die deutsche Band über drei Millionen Alben!

Cahier d'activités p. 55

## Vokabelfabrik

Cahier d'activités p. 56

### 1 Im Konzert

das Konzert(e)
der Konzertsaal (-säle)
die Philharmonie
die Konzertkarte(n)
der Eintritt

das Musikstück(e)
der Dirigent(en, en)
der Musiker(-) / die Musikerin(nen)
das Publikum
der Zuhörer(-)

das Musikinstrument(e)
das Klavier(e)
die E-Gitarre(n)
die Streichinstrumente:
das Cello(s), der Kontrabass(¨e), die Geige(n)
die Blechblasinstrumente:
die Trompete(n), die Posaune(n)

### 2 Wörter verstehen – Wörter bilden

das Klavier → der Klavierspieler(-) / die Klavierspielerin(nen)
das Klavier → der Pianist(en, en) / die Pianistin(nen)

das Cello → der Cellist(en, en) / die Cellistin(nen)
die Trompete → der Trompeter(-) / die Trompeterin(nen)

**Comment appelle-t-on les musiciens qui jouent de ces instruments :**
***der Kontrabass, die Gitarre, das Saxofon, die Geige*?**

# Gruppenpuzzle

## Festivals von Nord nach Süd

IN GRUPPEN

**a.** Bildet 4 Gruppen. Jede Gruppe befasst sich mit einem Beitrag.

**b.** Jede Gruppe stellt ihr Festival der Klasse vor.

**c.** Kennt ihr andere Musikfestivals in Deutschland oder Frankreich? Erstellt eure deutsch-französische Festivalkarte.

### 1 Wacken Open Air

**a.** Lest den Artikel. Was erfahrt ihr über das Festival?

**b.** Kennt ihr andere Heavy Metal Gruppen? Beschreibt ihren Stil.

Wacken: Das kleine Dorf in Schleswig-Holstein verwandelt sich einmal im Jahr in die Hauptstadt des Heavy Metal und wird zum größten Campingplatz der Welt. Am ersten Wochenende im August schlagen hier Tausende Heavy Metal Fans ihre Zelte auf. Über 100 Bands spielen auf acht Bühnen vor einem begeisterten Publikum. „Lauter als die Hölle[1]" ist die Devise. Rammstein, die Scorpions, Judas Priest, Sepultura und viele andere haben schon in Wacken ihre Gitarren heulen[2] lassen. Ein paar Dorfjugendliche haben das Festival im August 1990 gegründet. Damals kamen 800 Fans. 2016 waren es 77 000!

1. *l'enfer* 2. *hurler*

Die Scorpions beim Wacken Open Air

### 2 Die Salzburger Festspiele

DVD classe

**a.** Schaut euch das Video an und lest den Text. Was ist charakteristisch für die Salzburger Festspiele?

**b.** Inwiefern passt die Stadt zu diesem Event?

VIDEO

Trailer Salzburger Festspiele 2013

Die Salzburger Festspiele wurden 1920 gegründet. Sie bieten ein reichhaltiges Programm mit Oper, Schauspiel und klassischer Musik an. Jedes Jahr kommen Weltstars nach Salzburg, wie Cecilia Bartoli und Stardirigent Daniel Barenboim. Das Publikum kommt aus der ganzen Welt.

## 3 Der musikalische Adventskalender Bielefeld

a. Lest das Programm. Warum heißt die Veranstaltung „Adventskalender"?

b. Welche Musikstile kann man hören?

Musikalischer Adventskalender Bielefeld

**Musikalischer Adventskalender**

| | |
|---|---|
| **1.12.** | |
| 19 Uhr<br>Altstädter Nicolaikirche | **ERÖFFNUNGSKONZERT**<br>Angels Carol<br>Junger Gospelchor |
| **2.12.** | |
| 19 Uhr<br>Altstädter Nicolaikirche | Weithin übers Land<br>Akkordeon-Ensemble<br>Armonica musica |
| **3.12.** | |
| 19 Uhr<br>Altstädter Nicolaikirche | Weihnachten – Рождество – Christmas<br>Weihnachtslieder aus aller Welt<br>Gesang und Klavier |
| **4.12.** | |
| 19 Uhr<br>Haus vom Nikolaus | Driving home for Christmas<br>Gesang und Gitarre |

**täglich vom 1.-23. Dezember**

19.00 Uhr - Eintritt frei

Kinderveranstaltungen 17.30 Uhr und 16 Uhr

**im Herzen der Bielefelder Altstadt**

Altstädter Nicolaikirche
Bühne Radio Bielefeld, Süsterplatz
Haus vom Nikolaus, Altstädter Kirchplatz

Eine Veranstaltung der:

STADTKIRCHENARBEIT

Idee und Gesamtleitung:
Nike Schmitka

www.musikalischer-adventskalender.de

## 4 Fresh – Open Air am Bodensee

a. Hört euch das Interview mit Jenny an. Was hat ihr an dem Festival gefallen?

b. Bei welchen Konzerten war sie?

# Lernen zu lernen

# Sich auf einen Test vorbereiten

## A) ORGANISER SON TRAVAIL

**1** L'évaluation de fin de chapitre 5 va bientôt avoir lieu. Relis les objectifs d'apprentissage de l'unité (p. 67) et les rubriques *Ich kann's*. Associe à chaque objectif les points de grammaire et de lexique qui y sont rattachés (*Sprache aktiv* pp. 71 et 75).

**2** Anticipe et organise-toi. Il est préférable d'étaler les différents points à revoir sur plusieurs jours. Tu peux créer ton propre planning de révision quelques jours à l'avance.

**3** Respecte ton programme de révision, regroupe le vocabulaire et les expressions à mémoriser sur une fiche. N'hésite pas, selon ton style d'apprentissage, à les réécrire ou/et à les relire à haute voix.

**4** Tu peux également refaire les *Schnelltests* dans ton cahier d'activités.

Cahier d'activités p. 58

**TIPP** Définis tes priorités dans ta liste de points à revoir en commençant par le plus long ou le plus compliqué pour toi. Le reste te paraîtra plus facile !

**TIPP** Fais précéder l'évaluation par une bonne nuit de sommeil et ne révise pas tout la veille.

**TIPP** N'oublie pas de te ménager des pauses pendant tes séances de révision et choisis un lieu suffisamment calme et propice au travail.

## B) ATELIER « GÄNSESPIEL »

**5** Inscris la date de l'évaluation au mur sur une feuille qui sera la case « arrivée » de ton jeu.

**a.** Affiche 5 à 6 fiches blanches avant la dernière case « évaluation ». Chacune correspondra à un jour de la semaine avec son ou ses point(s) de révision.

**b.** Complète chaque jour une fiche en listant les éléments que tu as revus et retravaillés.

**c.** Tu seras ainsi plus conscient(e) de ta progression.

Cahier d'activités p. 58

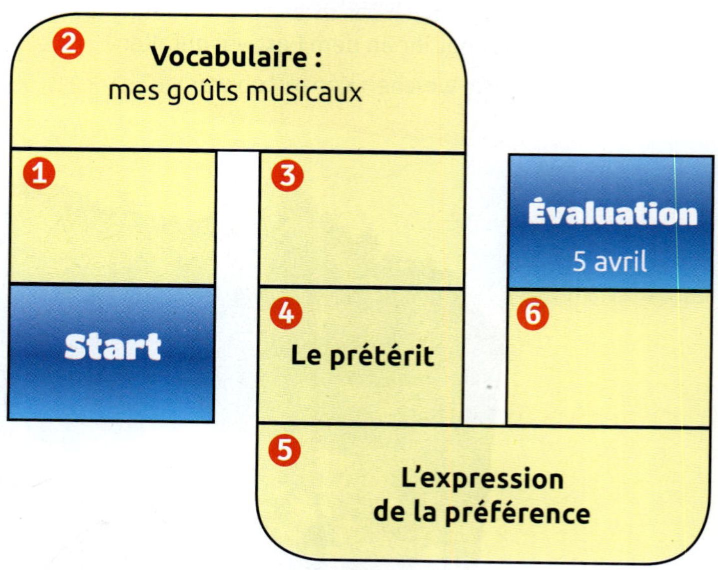

**1** Schau dir die Szene an.
Was ist typisch für ein Musical? Vergleiche mit Oper, Ballett und Theater.

*Mozart! Das Musical*, Raimund Theater Wien, 2016

**2** Schau dir die Szene noch einmal an.

**a.** Wer sind die Hauptfiguren?

**b.** Was passiert? Wie reagieren die Anwesenden? Warum?

### Wolfgang Amadeus Mozart
(1756 Salzburg – 1791 Wien)

**Er ist einer der größten Musiker und Komponisten der Welt. Er komponierte über 600 Werke, u.a. Opern wie *Don Giovanni* und *Die Zauberflöte*, Klaviersonaten, Sinfonien ...**

### SPIEL DEN LIBRETTISTEN!

Such dir eine berühmte Persönlichkeit aus und schreib eine Strophe über sie.

| | | |
|---|---|---|
| (11) | | Never Give Up |
| 9 | (13) | **Starley** Call On Me |
| 10 | (8) | **The Weeknd feat. Daft Punk** Starboy |

Januar 2017

TICE

**Etappe 3**

Ihr könnt die Radiosendung in der Klasse mit *Audacity* aufnehmen und sie dann auf der Schulwebseite veröffentlichen.

## Mon bilan de compétences

| Éléments du Socle commun | Programme du cycle 4 | Connaissances et compétences |
|---|---|---|
| **1.** Communiquer à l'oral et à l'écrit dans une langue étrangère | Compétences langagières<br>A2 | ▶ Relever les points essentiels d'une conversation : quelqu'un qui parle de ses goûts musicaux, de sa pratique musicale.<br>▶ Repérer des informations ciblées dans un texte informatif : programme, lettre d'information, biographie.<br>▶ Réagir à une proposition et exprimer ses goûts ; rapporter des questions ; se prononcer pour ou contre.<br>▶ Faire la présentation d'un projet ; comparer et exprimer sa préférence ; raconter un événement.<br>▶ Écrire un message simple, une courte biographie. |
| **2.** Apprendre à apprendre | | • Préparer une évaluation. |
| **5.** S'ouvrir à la diversité des cultures et des modes de vie | Compétences culturelles | • Découvrir des chanteurs germanophones, ainsi que différents événements musicaux en Allemagne et en Autriche. |
| **5.** Découvrir des formes d'expression artistique et des sensibilités esthétiques | | Parcours artistique • Une comédie musicale de Michael Kunze : *Mozart!* |

KAPITEL 6

# Planet Medien

## Je vais apprendre à...

- comprendre des indications chiffrées.
- repérer des informations dans un article.
- parler de mes habitudes et centres d'intérêt.
- commenter des statistiques.
- discuter d'un projet.
- utiliser un dictionnaire bilingue.

## Je vais découvrir...

- les journaux scolaires en Allemagne.
- comment une même information est traitée par différents médias.
- comment vérifier la validité d'une information.

## Unser Projekt

Die Titelseite für eine Schülerzeitung erstellen

# Station 1 Gut informiert?

Greif zu! p. 84

## 1 Wie informiert ihr euch?

MP3 PISTE 30

**a.** Hör dir die Umfrage an. Welche Medien nutzen Mirja, Tim, Selma und Jannis?

**b.** Und du? Wie ist es bei dir?

Cahier d'activités p. 59

## 2 Neue Medien

**a.** Lies den Artikel. Sehen Jugendliche immer noch regelmäßig fern?

**b.** Bist du mit dem Artikel einverstanden oder nicht? Warum? Schreibe einen kurzen Kommentar.

Cahier d'activités p. 59

### Fernsehen – immer noch aktuell?

Noch vor 10 Jahren sahen fast alle 13 bis 19-Jährigen täglich fern. Heute verbringen nur noch wenige regelmäßig Zeit vor dem Fernseher. Die Mehrheit der Jugendlichen informiert sich vor allem im Internet. Man kann mit sehr vielen Geräten (z.B. einem Smartphone, einem Tablet oder einer Spielkonsole) « online gehen ».

Die Teenager lesen gern Online-Zeitungen, nutzen meist mehrere soziale Netzwerke, um zu kommunizieren und sehen ihre Lieblingssendungen im Livestream oder Replay.

Im Durchschnitt surft heute jeder deutsche Jugendliche täglich etwa 115 Minuten im Internet.

**Sprechtraining**

« e » / « en » en fin de mot

Cahier d'activités p. 60

MP3 PISTE 31

## 3 Das interessiert uns!

**a.** Sieh dir das Schaubild an.

**b.** Kommentiere nun die Statistik.

**Beispiel:** *48% der Jugendlichen, also fast die Hälfte derJugendlichen, interessieren sich für Mode.*

Cahier d'activités p. 60

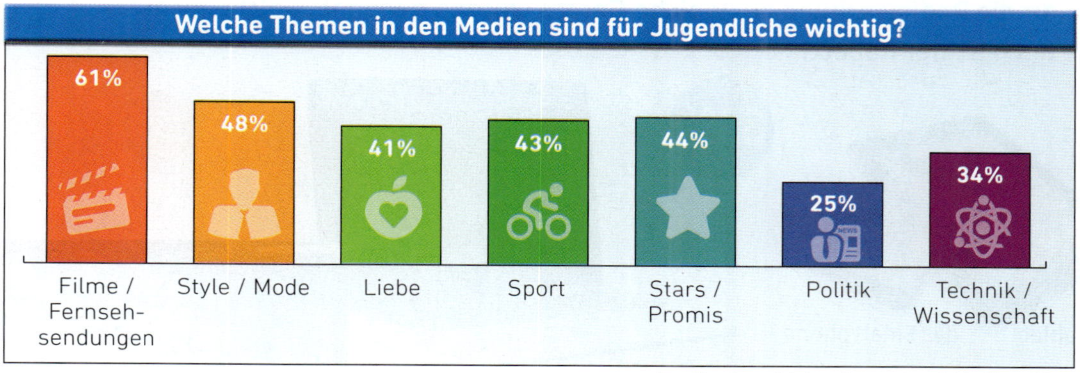


Quelle: Grunddaten Jugend und Medien, 2016

## 4 Eine aktuelle Nachricht

MP3 PISTE 32

**a.** Lies die Internetnachricht. Worum geht es?

**b.** Hör dir nun die Nachricht im Radio an. Was erfährst du noch über Eva-Maria Brem?

Cahier d'activités p. 60

**Sportnachrichten**

**Eva-Maria Brem wurde heute im Austria Center in Wien zur Sportlerin des Jahres gewählt.**

## Zwischenstation

### Mediennutzung in der Klasse

**a.** Bildet drei Gruppen. Jede Gruppe befragt die Klassenkameraden zu einem der Themen:
- Mediennutzung (Schüler und Eltern)
- Lieblingsthemen
- Lieblingsmedien

**b.** Am Ende präsentiert eine Gruppe ihre Ergebnisse vor der Klasse.

## Ich kann's

A2+

- Je comprends des indications chiffrées.
- Je comprends et je sais exprimer des quantités.
- Je peux commenter des statistiques.

Schnelltest • Cahier d'activités p. 63

## 1 Aktion bei Elektromarkt

MP3 PISTE 33

Pour préparer l'activité 3 page 83

**a.** Hör dir die Radiowerbung an. Welche Geräte werden genannt, welche nicht?
**b.** Wie hoch ist der Rabatt?

das Tablet das Smartphone

33%

der Computer

25%

der Fernseher

die Spielkonsole

50%

75%

das Radio

40%

## 2 Das sehen wir am liebsten

Pour approfondir l'emploi des quantificateurs

**Schaut euch das Stabdiagramm an. Bildet zwei Gruppen und informiert die jeweils andere Gruppe.**

**Beispiel:** *Gruppe A: Die Mehrheit der Jungen …*
*Gruppe B: Nur wenige Mädchen …*

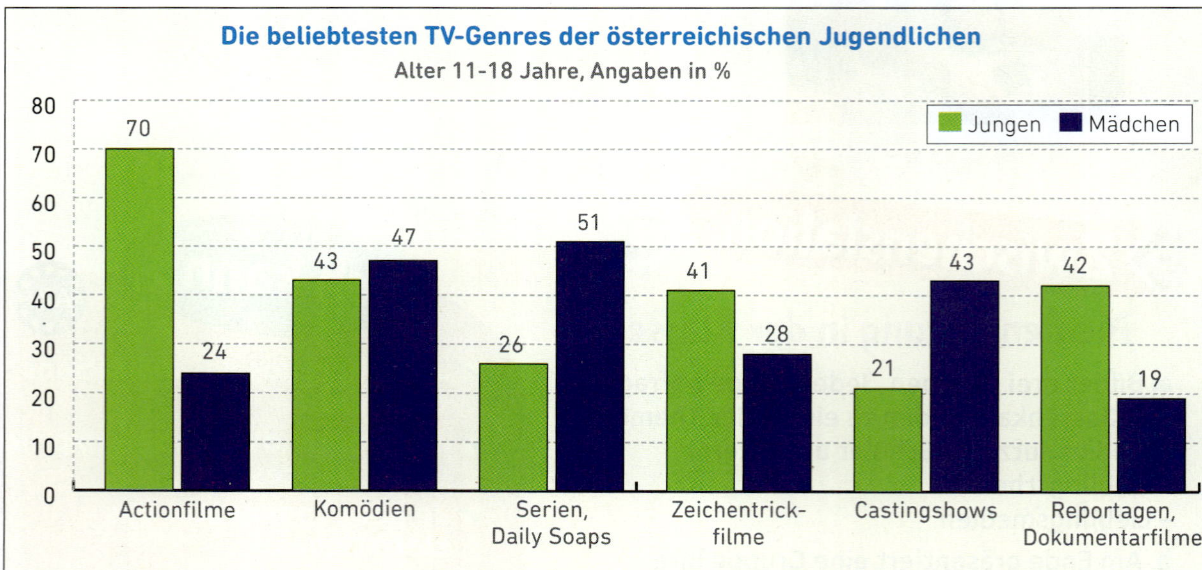


Quelle: Internationales Zentralinstitut für das Jugend- und Bildungsfernsehen (IZI), 2016

## Grammatik

Mémento pp. 125, 126

### 1 Le complément du nom

• Pour exprimer un lien d'appartenance, on peut compléter un groupe nominal par un nom qui se met au **génitif**.

• Les marques du génitif sont
– au féminin et au pluriel :
die Zeitung meine**r** Eltern
– au masculin et au neutre :
die Sportlerin de**s** Jahre**s**

### 2 Les quantificateurs

Ils indiquent la totalité ou une partie d'un ensemble.

**Viele** Schüler informieren sich im Internet.
(*une grande partie / beaucoup*)

On trouve également : ***alle*** (la totalité), ***einige*** (une petite partie), ***wenige*** (une part très réduite), ***mehrere*** (plusieurs).

*Kein* exprime la quantité zéro.

Wir haben **keinen** Fernseher.

**1 Complète chaque groupe souligné à l'aide du nom indiqué, puis remplace le groupe obtenu par un pronom personnel.**

*Hast du das Handy (der Lehrer) gesehen?*
*→ Hast du das Handy des Lehrers gesehen? Hast du es gesehen?*

**a.** Ich finde das Smartphone (mein Bruder) echt toll. **b.** Die Reportagen (diese Journalistin) sind immer sehr interessant. **c.** Die Leser haben dem Autor (der Artikel) gratuliert. **d.** Der Preis (dieses neue Modell) ist sehr billig. **e.** Ich benutze den Laptop (meine Eltern).

**2 Complète les énoncés avec les quantificateurs *alle, viele, mehrere, einige, wenige*.**

**a.** … Schüler haben ein Telefon mit Internetzugang. **b.** Fast … Leute haben jetzt Handys. **c.** Nur … Jugendliche haben heute kein Smartphone. **d.** … Schüler sehen gerne historische Sendungen. **e.** Die Sportlerin hat schon … Titel gewonnen.

Cahier d'activités p. 61

## Vokabelfabrik

Cahier d'activités p. 62

### 1 Medien

das Internet
das Radio
das Fernsehen
die Fernsehsendung(en)
*fern*sehen
die Zeitung(en)
die Nachricht(en)

ein Gerät benutzen
der Computer(-)
der/das Laptop(s)
das Tablet(s)
das Handy(s)
das Smartphone(s)
der Fernseher(-)

die Statistik(en)
die Umfrage(n)
das Ergebnis(se)
im Durchschnitt
die Hälfte (50%)
das Viertel (25%)
die Mehrheit

### 2 Wörter verstehen – Wörter bilden

**a. Complète l'associogramme avec les mots et expressions que tu connais.**

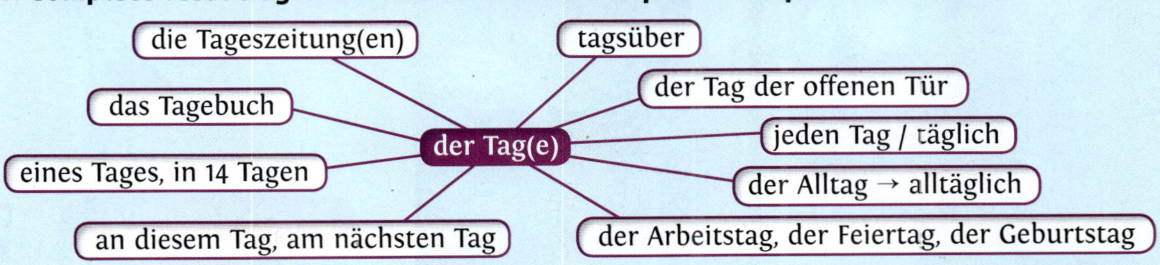


**b. Crée ton propre associogramme à partir du mot *Zeit*. Tu peux t'aider d'un dictionnaire en ligne (cf. p. 92).**

# Station 2 Schuelerzeitung.de

Greif zu! p. 88

## 1 Und der Preis geht an ...

**a.** Lies den Artikel.
**b.** Welchen Preis hat der „Info-Salat“ bekommen? Warum?

Cahier d'activités p. 64

DEUTSCHER Schülerzeitungspreis

### Schüler des Sonnenstein Gymnasiums gewinnen Schülerzeitungspreis

**Berlin – Schülerzeitungen haben Tradition in Deutschland.**

Am 4. Juni bekam das Sonnenstein Gymnasium in Celle den Schülerzeitungspreis. Es war nicht leicht, einen Sieger zu wählen, denn die Qualität war generell sehr hoch.
Der „Info-Salat“ hat es dann doch geschafft. „Die Schüler der Presse-AG des Sonnenstein Gymnasiums sind engagiert und sehr motiviert“, erklärt Peter Rausch, der Direktor.
Besonders interessant fand die Jury eine originelle Reportage über Wölfe in Deutschland.
Jetzt dürfen die jungen Redakteure einen ganzen Tag in Berlin genießen, wo sie ihren Preis von 1000 € erhalten und die Redaktion der *Berliner Morgenpost* besichtigen.
Wir gratulieren sehr herzlich!

## 2 Noch viel zu tun

MP3 PISTE 34

**a.** Hör dir die Diskussion an. Was machen die Jugendlichen?
**b.** Was haben sie vor? Wer macht was?
**c.** Fasse die Diskussion schriftlich zusammen.

Cahier d'activités p. 64

**Sprechtraining**

[j], [ʒ] ou [dʒ]

Cahier d'activités p. 65

MP3 PISTE 35

## 3 Die Mobile Medienakademie

**a.** Schau dir den Flyer an. Was ist die Mobile Medienakademie?

**b.** Was ist wichtig, um ein Schülermedium zu machen?

**Beispiel:** *Es ist wichtig, ein passendes Medium zu wählen.*

**c.** Hast du noch andere Ideen?

Cahier d'activités p. 65

## Zwischenstation

### Wettbewerb Schülerzeitungspreis

Ihr wollt beim Deutschen Schülerzeitungspreis mitmachen. Arbeitet in Gruppen und schreibt eine Mail an die Jury.

**a.** Präsentiert euer Projekt (Blog, Zeitung, Radio ...).

**b.** Erklärt eure Motivationen.

## Ich kann's

A2+

- Je peux repérer des informations dans un document informatif.
- Je sais parler d'un projet.
- Je peux exprimer mes motivations.

Schnelltest • Cahier d'activités p. 68

## 1 Journalistin Ira im Stress

MP3 PISTE 36

Pour préparer l'activité 2 page 86

**a.** Das Telefon klingelt ohne Pause. Hör gut zu. Welche zwei Ausdrücke werden nicht genannt?

**b.** Was soll Ira tun?

## 2 Das Reporter-Kit

Pour approfondir l'emploi de l'adjectif épithète

Was brauchen Reporter? Assoziiere jedes Substantiv mit einem Adjektiv. Verschiedene Kombinationen sind möglich.

**Beispiel:** *der Scanner – modern → Reporter brauchen einen modernen Scanner.*

die Ideen (pl.)
der Fotoapparat
die Leser (pl.)
die Information
das Team
die Internetverbindung
die Kopfhörer (pl.)
das Mikrofon
der Scanner

seriös
gut
schnell
interessant
motiviert
neugierig
modern
lustig
hilfsbereit

## Grammatik

Mémento pp. 124, 127

### 1 La proposition subordonnée infinitive

Certains verbes peuvent être complétés par une proposition subordonnée infinitive.

Die Schüler freuen sich, nach Berlin **zu** fahren.

Le verbe à l'infinitif occupe la dernière position et il est précédé de ***zu***.

⚠ Wir helfen euch, den Redaktionsraum *ein***zu**richten.

Une proposition infinitive peut être sujet.

Es war nicht leicht, den Sieger **zu** wählen.

### 2 L'adjectif épithète (3)

Lorsque dans un groupe nominal, le déterminant ne porte pas la marque de genre, de nombre et de cas, la marque se reporte sur l'adjectif.

**der** Artikel → ein interessante**r** Artikel

**die** Schüler (pl.) → engagiert**e** Schüler

Dans les autres cas, les terminaisons sont les mêmes qu'avec l'article défini (cf. p. 43).

**1 Réagis aux propositions en utilisant les amorces proposées.**

*eine Schülerzeitung publizieren – einen Artikel über die nächste Schulkonferenz schreiben – eine Reportage über das Musikfestival machen – bei der Presse-AG* mit*machen – sich regelmäßig informieren – jeden Abend* fern*sehen*

**a.** Ich finde es interessant, … **b.** Es ist wichtig, … **c.** Ich habe keine Lust, … **d.** Es ist doch schön, … **e.** Es ist langweilig, … **f.** Es macht Spaß, …

**2 Complète avec la terminaison qui convient.**

**a.** Ich schreibe noch schnell einen lustig… Text für meinen Witze-Blog. **b.** Wir müssen ein neu… Projekt finden. **c.** Unser Schulradio hat den erst… Preis für eine sehr interessant… Reportage über Tierschutz bekommen. **d.** Jedes Jahr erscheinen neu… Schülerzeitungen. **e.** Habt ihr Kontakte mit deutsch… Schülern? **f.** Diese Zeitung eines deutsch… Gymnasiums finde ich super. **g.** Hier ist ein interessant… Artikel mit einer toll… Zeichnung.

Cahier d'activités p. 66

## Vokabelfabrik

Cahier d'activités p. 67

### 1 Eine Zeitung publizieren

der Journalist(en, en)
der Redakteur(e)
der Leser(-)
jede Woche erscheinen
die Online-Zeitung
einen Preis bekommen
jemandem zu einem Preis gratulieren

der Titel(-)
die Titelseite(n)
der Artikel(-)
die Nachricht(en)
der Bericht(e)
die Reportage(n)
das Interview(s)

der Kommentar(e)
der Sportteil
die Anzeige(n)
die Annonce(n)
der Witz(e)
die Karikatur(en)

### 2 Wörter verstehen – Wörter bilden

**Le genre des noms est souvent déterminé par leur terminaison ou un suffixe. Constitue-toi un aide-mémoire en classant les mots suivants selon leur genre et leur terminaison. Cherche d'autres exemples avec ces différentes terminaisons.**

die Reportage – der Redakteur – die Gesellschaft – die Möglichkeit
die Sendung – die Familie – die Mehrheit – die Malerei – das Märchen
der Direktor – das Gymnasium – die Statistik – die Bilanz – das Telefon

# Gruppenpuzzle

## Eine Nachricht – vier Meinungen

**IN GRUPPEN**

**a.** Bildet vier Gruppen. Jede Gruppe wählt einen Beitrag und beantwortet die Fragen.

**b.** Jede Gruppe stellt ihre Ergebnisse vor.

**c.** Was denkt ihr über die Rückkehr der Wölfe? Organisiert eine Diskussion in der Klasse.

DVD classe

### 1 Tierreportage im Fernsehen

**a.** Schaut euch das Video an.

**b.** Was erfahrt ihr über Wölfe in Deutschland?

*Die Rückkehr der Wölfe*, © Wald und Holz NRW, 2015

### 2 Altenburger Nachrichten

**a.** Lest den Artikel. Was ist passiert?

**b.** Wie reagiert der Bauer?

28. April

**Gefährlicher Feind für Weidetiere**

In der Nacht zum 27. April haben Wölfe wieder zwei junge Schafe auf einer Weide[1] in der Nähe von Altenburg gerissen[2]. Bauer Ost berichtet: „Als ich am Morgen zu meinen Tieren ging, sah ich zwei Lämmer im Gras liegen. Sie waren tot. Ganz klar: Das waren Wölfe!" Viele Landwirte kritisieren die Wiederansiedelung[3] der Wölfe, denn seit Beginn des Jahres starben in der Region schon mehr als 20 Tiere auf den Weiden.

1. *pâturage* 2. *égorger* 3. *réintroduction*

## 3 Naturschutzbund

a. Lest den Flyer. Wer hat ihn verfasst?

b. Wofür wirbt er?

## 4 Instagram Posting

a. Lest das Posting. Was ist Sportskanone passiert?

b. Was ist seine Reaktion?

**Sportskanone**

Vollkrass, was mir heute passiert ist! War am Spätnachmittag im Stadtpark Altenburg. Hatte eigentlich vor, joggen zu gehen, da hörte ich ein Geräusch. Ich nahm meine Kopfhörer ab. Auf einmal stand ein Wolf vor mir. Er war nur max. 10 m entfernt und hatte überhaupt keine Angst, ich dagegen total. Ein anderer Jogger hat noch schnell ein Foto gemacht. Der Wolf ist ein schreckliches Tier. Jetzt hab' ich keine Lust mehr, im Park zu joggen. #naturpur#wieimmärchen#angst#joggenmitwolf

# Lernen zu lernen

# Ein (Online-)Wörterbuch benutzen

## A) UTILISER UN DICTIONNAIRE BILINGUE (EN LIGNE)

**1** Cherche le mot *fernsehen* dans un dictionnaire allemand-français. Quelles informations trouves-tu ?

fernsehen | Deutsch | Französisch

Wörterbuch | Beispielsätze

| fern\|sehen VERB intr unreg | |
|---|---|
| fernsehen | regarder la télévision |
| *die Zeit mit Fernsehen verbringen* | passer son temps devant la télé |

| Fernsehen <-s; kein Pl.> SUBST nt | |
|---|---|
| Fernsehen | télévision *f* |
| *im Fernsehen* | à la télé[vision] |

**TIPP** Sois attentif à l'ensemble des informations que t'apporte le dictionnaire : la signification d'un mot, son orthographe, sa prononciation, les différentes formes qu'il peut prendre, etc.

**2** Cherche le mot *journal* dans un dictionnaire français-allemand. Que remarques-tu en observant les propositions qui sont faites ?

**journal**, **-aux** [ʒurnal, o] *nm* **1.** (presse) Zeitung, -en *nf* **2.** (j. intime) Tagebuch, ¨-er *nt* **3.** (j. télévisé) [Fernseh-]nachrichten *pl*

**TIPP** À un mot français peuvent correspondre différents mots allemands et inversement. Lis bien toutes les significations données avant de choisir la traduction qui te paraît la plus pertinente. Il est souvent utile de revenir à la partie allemand-français pour vérifier le sens du mot que tu as trouvé.

Cahier d'activités p. 69

## B) ATELIER « ÜBERSETZUNGSPROGRAMM »

**3** En t'aidant d'un dictionnaire papier ou en ligne, traduis les mots soulignés dans les phrases suivantes en faisant attention au contexte indiqué.

Cahier d'activités p. 69

**A** Um 19.30 Uhr kommen die Nachrichten im Zweiten Programm.

**B** Ich habe eine gute Nachricht für euch.

**C** Hast du interessante Informationen gesammelt?

**D** Comment s'appelle le journaliste qui a réalisé l'interview ?

# Vorsicht! Ente!

EMI

## 1 Eine Internetseite

Sieh dir die Internet-Seite an. Wie sieht sie aus? Was für einen Eindruck macht sie auf dich?

www.mein-hirn-ist-toll.de

**Mein Hirn ist toll**

Die meist angeklickte wissenschaftliche Seite Deutschlands!
Die neuesten Infos aus der Gehirnforschung.

„Wissenschaftliche Information, klar verständlich. Super."
Jens Intelli, Dortmund

„Endlich weiß ich, wie mein Gehirn[1] funktioniert! Danke."
D. Enken, Leipzig

### Sensation in der Gehirnforschung! Mathematikenzym entdeckt!

Bald wird kein Schüler mehr eine 6 in Mathe schreiben.
Forscher haben herausgefunden, dass bei Schülern, die in Mathematik schlecht sind, ein Enzym, das „Tangentenenzym" fehlt. Dieses Enzym gibt es aber in der Natur. Man findet es in allen runden Früchten wie Äpfeln, Orangen oder Grapefruits.
Prof. Dr. G. Scheit, vom Universitätsklinikum Heidelberg meint: „Die Schüler werden Mathematik essen können. Sie werden in der Schule alles verstehen und bei Tests die besten Noten schreiben."
Allerdings muss man es wirklich wollen, denn für eine 24 Stunden lange Wirkung, muss man 24 runde Früchte in 24 Stunden essen.

1. *cerveau*

## 2 Mathematikenzym entdeckt

Lies den Text. Was hältst du davon? Warum?

**AUF DEN PUNKT GEBRACHT**

Dans le cadre du cours d'EMC, vous pouvez vous appuyer sur cet exemple pour inciter vos camarades à la vigilance par rapport aux informations diffusées (Internet, tracts, brochures, journaux…).

# Unser Projekt

## Die Titelseite für eine Schülerzeitung erstellen

### Etappe 1

**a.** Bildet 3er-Gruppen und wählt einen passenden Namen für eure Zeitung.
**b.** Entscheidet euch, wann und wo die Zeitung erscheint.

TICE

### Etappe 2

**a.** Gestaltet die Titelseite und illustriert sie mit einem Bild, das euren Schulalltag betrifft. Ihr könnt dazu *PhotoFiltre* benutzen.
**b.** Verfasst eine oder zwei kleine Überschriften, die dem Leser Lust machen, die Zeitung zu lesen.

### Etappe 3

Verfasst einen kleinen Text, in dem ihr die neue Zeitung euren Mitschülern präsentiert.
*An alle Schüler des / der ...*

## Mon bilan de compétences

| Éléments du Socle commun | Programme du cycle 4 | Connaissances et compétences |
|---|---|---|
| **1.** Communiquer à l'oral et à l'écrit dans une langue étrangère | Compétences langagières A2+ | ▶ Comprendre l'essentiel d'une information, les avis exprimés dans une conversation ou une interview.<br>▶ Repérer des informations ciblées dans un article, comprendre des statistiques.<br>▶ Interroger quelqu'un sur ses habitudes et ses choix.<br>▶ Décrire un projet ; commenter des statistiques.<br>▶ Rédiger un bref compte rendu ; présenter un projet, exprimer ses motivations. |
| **2.** Apprendre à apprendre | | • Utiliser un dictionnaire bilingue. |
| **5.** S'ouvrir à la diversité des modes de vie et des cultures | Compétences culturelles | • L'information et les médias en Allemagne.<br>• Les journaux scolaires. |
| **3.** Utiliser les médias, vérifier la validité d'une information | Éducation aux médias et à l'information | EMI • Le décryptage des informations. |

KAPITEL 7

# Berühmt sein

## Je vais apprendre à...

- comprendre une biographie, un témoignage.
- caractériser une personne.
- exprimer un souhait.
- donner des conseils.
- raconter un événement passé.
- faire un bilan de mes acquis.

## Je vais découvrir...

- des célébrités germanophones du monde des arts et du spectacle.
- des produits cultes créés dans les pays germanophones.
- *Nosferatu*, un film emblématique de F.W. Murnau.

## Unser Projekt

Ein Speeddating mit Stars organisieren

# Station 1 Sie haben's geschafft!

Greif zu! p. 98

## 1 Kinostar

PISTE 37

a. Hör dir den Dialog an. Was haben Caro und Dominik am Wochenende gemacht?
b. Was erzählt Caro über Christoph Waltz?
c. Lies die Informationen über Christoph Waltz. Was erfährst du noch?

Cahier d'activités p. 70

W

**Christoph Waltz**

*4. Oktober 1956 in Wien
Schauspieler, Regisseur, Drehbuchautor, Produzent, Oscar-Preisträger

**Regisseur**

| Jahr | Titel |
| --- | --- |
| 2016 | *The Worst Marriage in Georgetown* |

**Schauspieler**

| Jahr | Titel |
| --- | --- |
| 2019 | *True Crimes* |
| 2017 | *Tulpenfieber* |
| 2016 | *The Worst Marriage in Georgetown* |
| 2016 | *Legend of Tarzan* |
| 2015 | *James Bond 007 – Spectre* |
| 2014 | *Big Eyes* |
| 2013 | *Epic – Verborgenes Königreich* |
| 2012 | *Django Unchained* |

Mehr

**Sprechtraining**

**L'accentuation des préverbes (séparables / inséparables)**

Cahier d'activités p. 71

PISTE 38

## 2 Berühmt! Aber wofür?

**a.** Schau dir die Bilder an und lies die Steckbriefe. Welches Bild passt zu welchem Steckbrief? Nenne Indizien.

**b.** Stell die Personen vor. Du kannst dich von Cornelia Funkes Biografie inspirieren lassen.

Cahier d'activités p. 71

A

B

C

D

**Cornelia Funke** ist eine deutsche Schriftstellerin. Sie ist am 10. Dezember 1958 in Dorsten geboren. Die Jugendbuchautorin hat über 20 Millionen Bücher verkauft. Sie hat 2002 *Herr der Diebe* geschrieben. Dann hat sie von 2003 bis 2007 die Trilogie *Tintenwelt* verfasst und 2008 den Medienpreis Bambi erhalten. 2016 hat sie *Die Feder eines Greifs* veröffentlicht.

**Anika Nilles**
***29.05.1983** in Aschaffenburg, Deutschland
- Fängt mit 6 Jahren Schlagzeug an.
- Studium an der Popakademie in Mannheim
- Schlagzeugsolo-Videos auf YouTube
- Schreibt Songs.

**Daniel Brühl**
***16.06.1978**
Deutsch und spanisch-sprachig
**2003** Hauptrolle in *Good Bye, Lenin!*
**2009** Rolle in Quentin Tarantinos Film *Inglorious Basterds*
**2016** Rolle in *Captain America: Civil War*

**Cornelia Funke**
***10.12.1958** in Dorsten, Deutschland
Jugendbuchautorin
Über 20 Millionen Bücher verkauft
**2002** *Herr der Diebe*
**2003-2007** *Tintenwelt-Trilogie*
**2016** *Die Feder eines Greifs*

**Tim Mälzer**
***22.01.1971** in Elmshorn, Deutschland
**2004-2007** Kochsendung *Schmeckt nicht, gibt's nicht*
**2012** Kochbuch *Greenbox. Tim Mälzers grüne Küche*
**2016** Eigene Sendung *Kitchen Impossible*

## Zwischenstation

### Promi-Rätsel

**a.** Such dir einen Promi aus und sammle Informationen über sein Leben und seine Karriere. Was hat er / sie gemacht?

**b.** Stelle deinen Promi der Klasse vor. Die anderen Schüler müssen den Namen erraten.

## Ich kann's

A2+

- Je sais repérer des indications biographiques.
- Je peux présenter un personnage célèbre, décrire sa carrière.
- Je peux rédiger une courte biographie au passé.

Schnelltest • Cahier d'activités p. 74

## 1 Film ab!

Pour préparer l'activité 1 page 96

Wer ist wer? Wer macht was? Assoziiere.

der Regisseur
der Schauspieler
der Produzent
der Drehbuchautor

in einem Film *mit*spielen
den Film finanzieren
die Dialoge und die Szenen schreiben
eine Rolle spielen
einen Film drehen

## 2 Diane Kruger auf der Spur

MP3 PISTE 39

Pour approfondir la compréhension d'une biographie

**a.** Hör dir das „Porträt" an. Verbinde Daten und Fakten.

**b.** Fasse Diane Krugers Biografie zusammen.

**Beispiel:** *Zuerst ist sie ... Sie hat dann ... Danach hat sie ...*

- als Schauspielerin arbeiten
- in *The Infiltrators* *mit*spielen
- eine Rolle in *Troja* spielen
- mit einer Modelkarriere beginnen
- geboren sein

- am 15. Juli 1976
- ab 1990
- im Jahre 2001
- 2004
- 2016

Diane Kruger

## Grammatik

Mémento p. 131

### 1 Le parfait (2)

**La formation du participe II**

- Verbes faibles : spielen → **gespielt**
- Verbes forts : finden → **gefunden**
  gehen → **gegangen**
- Pour les verbes formés avec un préverbe séparable, ***ge-*** se place devant le radical.
  Er hat bei diesem Film ***mit*gemacht**.
- Les verbes qui ne sont pas accentués sur la 1re syllabe ne prennent pas ***ge-*** au participe II. Ce sont les verbes :
  – formés avec un suffixe accentué, comme par exemple ***-ieren***.
  studieren → Anika hat in Mannheim **studiert**.
  – formés avec un préverbe inséparable (*be-*, *emp-*, *ent-*, *er-*, *ge-*, *miss-*, *ver-*, *zer-*).
  bekommen → 2013 hat C. Waltz einen Oscar **bekommen**.

**1 Pour découvrir le chanteur Falco, mets les verbes entre parenthèses au participe II.**

**a.** Mit seinen Songs hat der österreichische Sänger Falco Top-Positionen (erreichen). **b.** Mit 16 hat er die Schule (verlassen) und eine Kaufmannslehre (beginnen). **c.** Aber er hat sehr früh mit Musik (*an*fangen). **d.** Mit 24 hat er den Titel *Der Kommissar* (produzieren). **e.** 1986 ist Falco mit *Rock Me Amadeus* zum Weltstar (werden). **f.** 1998 ist er mit dem Auto tödlich (verunglücken).

**2 Mets le texte sur l'actrice Paula Beer au parfait.**

Paula Beer besuchte die Montessori-Schule. Mit 8 Jahren nahm sie an einem Theaterkurs *teil*. Mit 14 machte sie bei einem Casting *mit* und erhielt die Hauptrolle. Der Film gefiel den Kritikern sehr und alle gratulierten der Schülerin. Der Regisseur François Ozon bot ihr 2016 die weibliche Hauptrolle in seinem Film *Frantz* an. In sechs Wochen studierte sie ihre Rolle *ein*.

Cahier d'activités p. 72

## Vokabelfabrik

Cahier d'activités p. 73

### 1 Berühmt sein, berühmt werden

berühmt / weltberühmt sein
jemanden kennen → bekannt sein
der Promi(s) / der Star(s)
der Schauspieler(-) /die Schauspielerin(nen)
der Regisseur(e) / die Regisseurin(nen)
der Schriftsteller(-) / die Schriftstellerin(nen)
der Autor(en) / die Autorin(nen)
der Musiker(-) / die Musikerin(nen)

einen Film drehen
in einem Film die Hauptrolle spielen
ein Drehbuch schreiben
einen Preis gewinnen / bekommen / erhalten
einen Roman verfassen
ein Buch veröffentlichen
Karriere machen
Erfolg haben

### 2 Wörter verstehen – Wörter bilden

**a. Observe ces 3 groupes infinitifs. Comment les verbes sont-ils formés ? Quel est leur sens ?**
die Schauspielschule besuchen – einen Satz ergänzen – einen Roman verfilmen

**b. Forme de nouveaux groupes infinitifs en associant chacun des éléments ci-dessous à un des verbes proposés.**

etwas Schönes
seinen Garten
etwas Neues
seinen Stil
Bücher

eine Frage
ein Instrument
ein Haus
einen Freund
die Schule

erleben
erlernen
verschönern
verbessern
erwarten
beantworten

beantworten
bewohnen
erfahren
verlassen
verkaufen

# Station 2 Mein Traum

Greif zu! p. 102

## 1 Zeigt euer Talent!

a. Lies die drei Postings. Welche Talente haben diese Jugendlichen? Was möchten sie? Warum brauchen sie Rat?

b. Welche Antwort passt zu welchem Posting?

c. Schreib die fehlende Antwort und gib ein paar Tipps.

Cahier d'activités p. 75

**Tony**

Ich heiße Tony und möchte Konditor werden. Ich habe schon einige Rezepte selbst erfunden. Ich würde so gern berühmte Köche und Konditoren treffen. Es wäre eine Chance, mir in dieser Branche einen Namen zu machen. Könntet ihr mir ein paar Tipps geben?

**Sina**

Ich bin Schwimmerin in der SG Essen und seit 5 Jahren trainiere ich jeden Tag sehr hart. Mein Traum wäre, einmal mit der deutschen Nationalmannschaft an den Olympischen Spielen teilzunehmen. Aber ich habe zu wenig Zeit für die Schule und meine Noten werden immer schlechter. So kann es nicht weitergehen. Was kann ich da tun?

**Leo**

Ich bin 17. Ich wohne in Karlsruhe und mache im Verein Jonglage und Akrobatik. Das möchte ich später zu meinem Beruf machen. Wie könnte ich meinen Traum verwirklichen? Gibt es dafür eine Ausbildung?

**Moderator**

**→ Tja ... Da hast du ein tolles Hobby. Aber du solltest dir keine zu großen Illusionen machen. Zirkuskünstler ist ein schwerer Beruf und die Konkurrenz ist groß. Außerdem sind die besten Zirkushochschulen alle im Ausland!**

**→ Du solltest mit deinem Trainer darüber reden. Er weiß sicher Rat. Vielleicht wäre ein Sportgymnasium mit Internat die Lösung. Dort könntest du Training und Schule vereinbaren.**

### Sprechtraining

**[ɛ] ou [ə]**

Cahier d'activités p. 76

MP3 PISTE 40

## 2 DSDS

MP3 PISTE 41

a. Hör zu und fülle Alims Bewerbungsbogen aus.
b. Du gehörst der Jury an. Was würdest du Alim raten, damit er sein Ziel erreichen kann?

Cahier d'activités p. 76

Deutschland sucht den SuperStar

**Name** Alim
**Kandidatennummer** 94
**Spezialität**
**Familie**
**Motivation und Ziel**
**Lieblingsgruppen**

Bauchklang

## 3 Wie schaffe ich das?

Guna möchte ein Praktikum beim Europa-Parlament machen. Sie trifft heute einen Büroleiter. Guna will wissen, wie sie ihr Ziel erreichen kann. Der Büroleiter stellt die Aufgaben vor und gibt Guna Ratschläge.
Spielt das Gespräch zu zweit.

Cahier d'activités p. 76

- Guna Landsbergyté
- 18 Jahre alt
- Fremdsprachen: Englisch (C1), Französisch (B1), Lettisch (B2)

**ASSISTENTEN-RATGEBER**
- motiviert sein
- mobil sein
- Organisationstalent haben
- Fremdsprachen sprechen

- sich für Europa einsetzen
- dem Abgeordneten helfen
- Berichte schreiben
- Journalisten treffen

## Zwischenstation

### Casting

Du möchtest an einem Casting teilnehmen. Stell dein Talent vor und erzähle, was du gern machen würdest. Die anderen können dir Tipps geben.

## Ich kann's

A2+

- Je comprends des témoignages.
- Je sais exprimer un souhait.
- Je peux formuler des conseils.

Schnelltest • Cahier d'activités p. 79

# S2 Greif zu! Activités à la carte

## 1 Karriereperspektiven

Pour réactiver le lexique des activités

Was passt zusammen? Assoziiere.

- an einem Wettbewerb
- an der Musikhochschule
- bei einer Fernsehsendung
- in einem Film
- mit einem Instrument
- bei einem Casting

- anfangen
- sich bewerben
- mitmachen
- mitspielen
- studieren
- teilnehmen

## 2 Und in Zukunft?

Pour aller plus loin dans la description de projets futurs

Stell die Jugendlichen vor. Was möchten sie vielleicht gern?
Stell Hypothesen auf.

# S2 Sprache aktiv



## Grammatik

› Mémento p. 132

### 1 Le subjonctif II

Le subjonctif II permet d'exprimer
- le souhait :
  Ich **möchte** Konditor werden
  Ich **würde** gern am Casting ***teil*nehmen**.
  Das **hätte** ich gern! Das **wäre** schön!
- le conseil :
  Du **könntest** deinen Trainer fragen.
  Du **solltest** deine Technik verbessern.

Pour ces verbes, on forme le subjonctif II à partir du prétérit en ajoutant un ***-e*** et, si possible, l'inflexion, puis les terminaisons de personnes : ***Ø*, *-st*, *Ø*, *-n*, *-t*, *-n***.

sein → ich war → ich **wäre**
haben → ich hatte → ich **hätte**
werden → ich wurde → ich **würde**
können → ich konnte → ich **könnte**

⚠ *sollen* ne prend pas l'inflexion.
sollen → ich sollte → ich **sollte**

**1 Utilise le subjonctif II pour dire ce qui te ferait plaisir.**

**a.** meine Technik verbessern **b.** im Ausland studieren **c.** Erfolg haben **d.** in einem Film *mit*spielen **e.** an einer Fernsehsendung *teil*nehmen

**2 Donne le bon conseil en utilisant *sollen* ou *können* au subjonctif II.**

*deine Atmung kontrollieren, mehr üben, sich bewerben, sich Notizen machen*

**a.** Ich kann nicht gut tanzen. **b.** Ich will meine Rezepte nicht vergessen. **c.** Ich möchte am Casting *teil*nehmen. **d.** Dieser Auftritt stresst mich sehr.

**3 Voici des affirmations très catégoriques. Adoucis le ton en employant le subjonctif II.**

**a.** Du sollst mehr trainieren. **b.** Das ist besser für dich. **c.** Ihr sollt euch besser konzentrieren. **d.** Ihr könnt ein Konzert organisieren. **e.** Da habe ich die Chance, endlich einen Preis zu gewinnen.

› Cahier d'activités p. 77

## Vokabelfabrik

› Cahier d'activités p. 78

### 1 Ich kann, ich möchte, ich sollte …

**das Talent(e)**
Talent haben
sein Talent zeigen
sein Talent entwickeln
seine Kompetenzen verbessern

**der Traum(¨e)**
von einem Beruf träumen
einen Traum verwirklichen
sein Ziel erreichen

**der Rat (die Ratschläge)**
jemandem einen Rat geben
eine Lösung finden
Danke für den Tipp!
Was rätst du mir? – Das rate ich dir!

### 2 Wörter verstehen – Wörter bilden

**On peut à l'aide de préverbes modifier le sens d'un verbe et former de nouveaux verbes. Lis chaque phrase et indique le sens de ces composés du verbe *nehmen*. Cherche d'autres verbes formés avec ces préverbes.**

**nehmen**
- Mein Bruder hat 5 Kilo *ab*genommen.
- Ich nehme deine Einladung gern *an*.
- Du solltest deinen Liedtext *mit*nehmen.
- Möchtest du am Casting *teil*nehmen?
- Der Schauspieler hat die Rolle übernommen.
- Die Jury will ihre Entscheidung nicht *zurück*nehmen.
- Du sollst deinen ganzen Mut *zusammen*nehmen.

# Kult-Objekte aus den DACH-Ländern

**IN GRUPPEN**

**a.** Bildet Gruppen. Jede Gruppe befasst sich mit einem Beitrag.

**b.** Vergleicht dann eure Ergebnisse im Plenum und sammelt alle Lösungen an der Tafel.

**c.** Bildet neue Gruppen und erstellt euren persönlichen Katalog mit deutschen Kultobjekten. Fügt auch Fotos ein.

## 1 FREITAG

DVD classe

**a.** Schaut euch das Foto an. Wer sind vielleicht die zwei Männer?

**b.** Lest den kleinen Text und schaut euch das Video an. Stimmen eure Hypothesen?

**c.** Erklärt, was typisch an Freitag-Produkten ist (Material ...).

Die Brüder Freitag sind zwei Grafikdesigner aus der Schweiz. 1993 haben sie ihre heute bekannten Taschen aus alten LKW-Planen kreiert.

FREITAG F302 Roy Tasche im Test, 2013

### Vokabeln

- die LKW-Plane(n) — *la bâche de camion*
- das Unternehmen(n) — *l'entreprise*
- der Sicherheitsgurt(e) — *la ceinture de sécurité*
- verwandeln — *transformer*

## 2 PEZ

**a.** Lest den Text. Um welches Produkt handelt es sich?

**b.** Wer hat es erfunden? Wozu? Was ist dann passiert?

### Der Zuckerspender aus Österreich

PEZ-Bonbons waren zuerst ein Anti-Raucher[1]-Produkt. Der Österreicher Eduard Haas wollte 1927 mit seinen Bonbons eine Alternative zur Zigarette bieten. Die Bonbons waren aus Zucker und Pfefferminzöl. Das Originalrezept gab auch den Bonbons ihren Namen: **P**f**e**ffermin**z**[2]. Die ersten PEZ-Bonbons waren in einer Box oder in einem Spender in der Form eines Feuerzeugs[3], aber 1949 hatte Eduard Haas die Idee, Köpfe von Comic-Figuren auf die Spender zu setzen und neue Bonbons mit Fruchtgeschmack zu entwickeln[4]. Schnell wurden die Zuckerspender z.B. mit Disney-Figuren bei Kindern sehr beliebt. PEZ findet man heute in über 80 Ländern der Welt. In Europa aber auch in den USA und in Japan haben die Bonbons viel Erfolg.

**1.** *anti-fumeur* **2.** *la menthe* **3.** *le briquet* **4.** *développer*

Classe

## 3 Adidas – Stan Smith

**a.** Schaut euch das Foto an. Kennt ihr diese Schuhe?

**b.** Hört euch das Interview an. Was habt ihr jetzt erfahren?

## 4 UHU

**a.** Lest den Steckbrief.

**b.** Schreibt eine „Kurzbiografie" des UHU-Klebers.

**Name:** der „Alleskleber" UHU
**Funktion:** Metall, Glas, Porzellan, Stoff, Papier ... kleben
**Vater:** der Apotheker August Fischer
**Geburtsdatum:** 1932
**Geburtsort:** Bühl (Baden)
**Brüder:** der UHU stic, die UHU patafix Klebepads, der UHU Dry & Clean Roller …
**Slogan:** „Im Falle eines Falles klebt UHU wirklich alles!"
**Farbe:** gelb und schwarz
**Reisen:** in 125 Ländern verkauft

# Lernen zu lernen

# Bilanz aus dem Schuljahr ziehen

## A) JE FAIS LE BILAN DE MON ANNÉE D'ALLEMAND

**1** L'année se termine. Tu n'auras sans doute bientôt plus ton livre d'allemand. Conserve précieusement ton cahier personnel et le cahier d'activités si tu l'as. Tu pourras t'y reporter plus tard pour retrouver du vocabulaire ou des structures grammaticales.

**2** Tu peux également constituer tes propres fiches-bilan, après chaque unité par exemple. Elles te seront utiles pour tes révisions avant les évaluations.

**TIPP** Même si tu ne voyages pas dans un pays de langue allemande, profite de tout ce que tu entends et vois autour de toi pour réactiver ce que tu as appris (messages en allemand dans les gares ou dans le métro, reportages, affiches, titres de journaux…).
Et tu vas peut-être rencontrer des touristes allemands ou autrichiens qui seront heureux que tu puisses leur répondre en allemand.

## B) ATELIER « KARTEIKARTEN »

**3** Rédige pour chaque chapitre une fiche-bilan. Tu peux utiliser une fiche bristol ou te constituer un fichier informatique. Voici des exemples à partir du chapitre 3. Cahier d'activités p. 80

| Vokabeln | Grammatik |
|---|---|
| die Stadt(¨-e) → die Hauptstadt<br>das Viertel(-)<br>in der Fußgängerzone<br>zu Fuß<br>mit dem Fahrrad<br>... | • L'adjectif épithète<br>der große Park → den großen Park<br>die große Stadt<br>das schöne Foto → die schönen Fotos<br>guter Kaffee<br>schöne Fotos |

| Land und Leute | Methoden und Strategien | In anderen Fächern |
|---|---|---|
| Wien (Hauptstadt Österreichs): der Naschmarkt, der Prater ...<br>Luzern (in der Schweiz) ... | Analyser une image<br>das Foto, das Gemälde ...<br>Was? Wo?<br>die Farbe(n)<br>oben / unten / rechts / links<br>Es gefällt mir<br>... | Histoire : Tübingen (occupation française de 1945 à 1991)<br>Histoire des Arts : East Side Gallery (restes du Mur décorés par des street artists après 1989)<br>... |

# Nosferatu



Parcours artistique

**1** Sieh dir das Bild an.
Stelle Hypothesen über den Film auf (Genre ...).

VIDEO

*Nosferatu, Eine Symphonie des Grauens*, 1922

**2** Schau dir den Filmauszug an.
Welche Aussage beschreibt die Situation am besten?

**A** Herr Hutter reist nach Transsylvanien, weil er seinen netten Onkel Orlok treffen will.

**B** Herr Hutter arbeitet in einer Immobilienagentur und besucht den mysteriösen Grafen Orlok, der ein Haus kaufen möchte.

**C** Herr Hutter ist krank und muss in einem mysteriösen Krankenhaus in Transsylvanien übernachten.

### Friedrich Wilhelm Murnau
(1888-1931)

Deutscher Filmregisseur. 1922 erscheint *Nosferatu*, eine Adaptation des Romans *Dracula*. Der Stummfilm[1] *Nosferatu* ist einer der ersten expressionistischen Filme mit seinem grandiosen geometrischen Dekor. In den Szenen gibt es auch viele Licht-Schatten[2]-Kontraste. So entsteht eine dämonische und fantastische Atmosphäre.
Die Schauspieler dramatisieren ihre Rolle mit übertriebenen[3] Gesten.

**1.** *film muet* **2.** *l'ombre* **3.** *exagérés*

**3** Lies den Text und schau dir den Filmauszug noch einmal an. Finde im Video typische Elemente des Expressionismus.

## SPIEL DEN STUMMFILMREGISSSEUR!

**a.** Denkt euch eine Horrorszene mit Musik aus.
**b.** Inszeniert die Szene mit zwei oder drei Mitschülern.
**c.** Ihr könnt auch Texttafeln erstellen.

# Unser Projekt

## Ein Speeddating mit Stars organisieren

TICE

### Etappe 1

**a.** Sammelt Informationen über einen Star und seine Karriere.
**b.** Wählt ein Foto aus und schreibt einen kleinen Steckbrief.
Ihr könnt den Steckbrief auch mit *OpenOffice* erstellen.

### Etappe 2

**a.** Sammelt alle Steckbriefe ein.
**b.** Bildet 2er-Gruppen. Schüler A zieht einen Steckbrief und liest die Informationen. Schüler B bereitet die Fragen vor, die er dem Star stellen möchte.

### Etappe 3

**a.** Spielt das Speeddating. Ihr habt 5 Minuten Zeit. Schüler A stellt sich vor und erzählt von seiner Karriere. Schüler B stellt Fragen und fragt auch um Rat.
**b.** Nach 5 Minuten zieht ihr neue Steckbriefe.

**Name:** Heidi Klum
**Alter:** 1973 geboren
**Geburtsort:** Deutschland
**Beruf:** Model, Schauspielerin, Moderatorin
**Karriere:**
- 1992 internationales Topmodel
- 2004 Moderatorin von *Germany's Next Topmodel*
- 2010 Rolle in der Serie *Desperate Housewives*
- 2015 Bambi in der Kategorie „Fashion"

## Mon bilan de compétences

| Éléments du Socle commun | Programme du cycle 4 | Connaissances et compétences |
|---|---|---|
| 1. Communiquer à l'oral et à l'écrit dans une langue étrangère | Compétences langagières A2+ | ▶ Comprendre et relever les points essentiels d'un message : indications biographiques.<br>▶ Repérer des informations dans une biographie ou un témoignage.<br>▶ Donner des conseils.<br>▶ Décrire un parcours, une carrière ; exprimer un souhait.<br>▶ Rédiger une courte biographie ; formuler des conseils. |
| 2. Apprendre à apprendre | | • Faire un bilan de ses acquis. |
| 5. S'ouvrir à la diversité des modes de vie et des cultures | Compétences culturelles | • Des célébrités germanophones du monde des arts et du spectacle.<br>• Des produits cultes des pays germanophones. |
| 5. Découvrir des expressions artistiques et des sensibilités esthétiques | | Parcours artistique • *Nosferatu*, un film expressionniste allemand. |

# EPI

Culture et création artistique (langue et musique)

# Laute und Töne, Sprache und Musik

**Votre projet interdisciplinaire**

***Choisir ou créer une scène de théâtre et la mettre en musique***

## En allemand, tu vas...

- mobiliser des techniques vocales pour améliorer tes capacités en écoute et en expression orale.
- découvrir un genre musical (le *Lied*), un compositeur autrichien (F. Schubert) et un interprète allemand (D. Fischer-Dieskau).
- utiliser la mise en musique d'un texte poétique pour approfondir sa compréhension.

**Unser Projekt**

## En éducation musicale, vous pourrez...

- mobiliser des techniques vocales et corporelles dans la réalisation d'un projet musical.

## En histoire des arts et en français, vous pourrez...

- découvrir des expressions artistiques et des sensibilités esthétiques.
- travailler à partir d'un texte poétique sur la lecture à voix haute, la diction, la mise en musique, en image et en espace.

# Hör, lausch, sprich und sing!

## 1 Ein Sprichwort singen

PISTE 42

Kanon zu vier Stimmen: Eine Kuh macht muh ...

## 2 Drei Chinesen mit dem Kontrabass

PISTES 43 ET 44

*Drei Chinesen mit dem Kontrabass, Kinderlieder zum Mitsingen, 2014*

Drei Chinesen mit dem Kontrabass,
die saßen auf der Straße und erzählten sich was.
Da kam die Polizei: „Ei, was ist denn das?"
Drei Chinesen mit dem Kontrabass.

## 3 Traurig, fröhlich, feierlich oder ruhig?

*In einem Bächlein helle,*
*Da schoss in froher Eil*
*Die launische Forelle*
*Vorüber, wie ein Pfeil …*
Franz SCHUBERT

MP3 PISTE 45

*Einigkeit und Recht und Freiheit*
*für das Deutsche Vaterland!*
*Danach lasst uns alle streben*
*brüderlich mit Herz und Hand!*
Joseph HAYDN

MP3 PISTE 46

MP3 PISTE 47

*Zum Ziele führt dich diese Bahn,*
*Doch musst du, Jüngling, männlich siegen!*
*Drum höre unsre Lehre an:*
*Sei standhaft, duldsam, und verschwiegen!*
Wolfgang Amadeus MOZART

*Ich will meine Seele tauchen*
*In den Kelch der Lilie hinein;*
*Die Lilie soll klingend hauchen*
*Ein Lied von der Liebsten mein.*
Robert SCHUMANN

MP3 PISTE 48

## 4 Zungenbrecher

MP3 PISTE 49

Die Katzen kratzen im Katzenkasten.
Im Katzenkasten kratzen die Katzen.

Lang schwang der Klang
am Hang entlang.

Wer nichts weiß und weiß, dass er nichts weiß, weiß mehr als der, der nichts weiß und nicht weiß, dass er nichts weiß.

Der dicke Dachdecker deckt dir dein Dach. Drum dank' dem Dachdecker, der dir dein Dach deckt.

### Alles klar?

a. ***Satzmelodie üben:*** Hör dir das Sprichwort an und sprich es nach. Versuche es dann im Kanon zu singen.

b. ***Mit Vokalen spielen:*** Die Klasse sieht sich das Video an und singt das Lied. Die Strophe wird dann mehrmals gesungen, aber alle Vokale werden jeweils durch einen einzigen Vokal oder Diphthong ersetzt, erst „i", dann „e" usw.

c. ***Ton und Stimmung identifizieren:*** Hör dir jedes Musikstück an und charakterisiere die Melodie.

d. ***Aussprache üben:*** Hör dir die Zungenbrecher an und sprich sie dann mehrmals nach, so schnell wie möglich …

# Der Erlkönig

## 1 Die Ballade

Die Ballade erzählt von einem Vater, der nachts mit seinem kranken Sohn durch den Wald reitet. Das Kind hat Angst und sagt dem Vater, dass es den Erlkönig und seine Töchter hört und sieht. Der Vater versucht, das Kind zu beruhigen: Es sind nur Bäume und ihre Schatten in der Nacht und im Nebel. Und was das Kind hört, das kann nur der Wind sein. Aber seine Angst wird immer größer. Es ist sicher, dass der Erlkönig nach ihm greift und es anfasst. Endlich kommen sie zu Hause an, aber das Kind ist tot ...

Moritz von Schwind, *Der Erlkönig*, um 1830

## 2 Das Lied

MP3 PISTE 50

*Der Erlkönig*, Dietrich Fischer-Dieskau, BBC Arts, 1959

**Franz Schubert**
(1797, Wien – 1828, Wien)

**Österreichischer Komponist. Er komponierte romantische Klaviersonaten, Sinfonien und Liederzyklen (*Die schöne Müllerin, Die Winterreise*). Mit 18 Jahren vertonte er den *Erlkönig* von Goethe.**

## 3 Text und Musik

PISTE 51

## 4 Das Gedicht

PISTE 52

### Erlkönig

Wer reitet so spät durch Nacht und Wind?
Es ist der Vater mit seinem Kind;
Er hat den Knaben wohl in dem Arm,
Er fasst ihn sicher, er hält ihn warm.

Mein Sohn, was birgst du so bang dein Gesicht?-
Siehst, Vater, du den Erlkönig nicht?
Den Erlenkönig mit Kron' und Schweif?-
Mein Sohn, es ist ein Nebelstreif.-

„Du liebes Kind, komm, geh mit mir!
Gar schöne Spiele spiel ich mit dir;
Manch bunte Blumen sind an dem Strand,
Meine Mutter hat manch gülden Gewand."

Mein Vater, mein Vater, und hörest du nicht,
Was Erlenkönig mir leise verspricht?-
Sei ruhig, bleibe ruhig, mein Kind;
In dürren Blättern säuselt der Wind.-

„Willst, feiner Knabe, du mit mir gehn?
Meine Töchter sollen dich warten schön;
Meine Töchter führen den nächtlichen Reihn,
Und wiegen und tanzen und singen dich ein."

Mein Vater, mein Vater, und siehst du nicht dort
Erlkönigs Töchter am düstern Ort?-
Mein Sohn, mein Sohn, ich seh' es genau:
Es scheinen die alten Weiden so grau.-

„Ich lieb dich, mich reizt deine schöne Gestalt;
Und bist du nicht willig, so brauch ich Gewalt."
Mein Vater, mein Vater, jetzt fasst er mich an!
Erlkönig hat mir ein Leids getan!-

Dem Vater grauset's, er reitet geschwind,
Er hält in Armen das ächzende Kind,
Erreicht den Hof mit Müh und Not;
In seinen Armen das Kind war tot.

Johann Wolfgang von Goethe, 1782

**Johann Wolfgang von Goethe**
(1749, Frankfurt am Main – 1832, Weimar)

**Er ist der berühmteste Vertreter der deutschen Klassik. Er schrieb Gedichte, Balladen, Romane, Dramen, aber auch wissenschaftliche Schriften. Bekannteste Werke: *Die Leiden des jungen Werthers* (1774) und *Faust* (1808/1832).**

### Alles klar?

a. Schau dir das Bild an. Stell Hypothesen über die Erzählung auf. Lies dann die Zusammenfassung. Waren deine Hypothesen richtig?

b. Hör dir das Lied an. Was drückt die Musik über die Stimmung, die Personen und ihre Gefühle aus?

c. Hör dir beide Verse an. Achte auf den Unterschied in der Tonart. Was drückt der Komponist damit aus?

d. Lies jetzt den Text. Wer spricht in den verschiedenen Strophen? Was sind die Gefühle der drei Figuren in den einzelnen Strophen.

# Unser Projekt

## Ein deutsches Gedicht inszenieren und visuell darstellen

### Unser Projekt

**a.** Bildet Gruppen und sucht euch ein **deutsches Gedicht** aus. Ihr könnt euren (eure) Deutschlehrer(in) um Hilfe bitten.

**b.** Macht eine **Zeichnung**, eine **Collage** oder eine **Installation**, die die Stimmung und den Inhalt des Gedichtes wiedergibt.

**c.** Tragt das Gedicht vor der Klasse vor. Sucht euch eine **passende Begleitmusik** aus. Ihr könnt auch eine Inszenierung mit Dekor, Requisiten, Mimik und Gestik erfinden.

### Pistes de travail en éducation musicale

| Connaissances et compétences<br>Programme d'éducation musicale – Cycle 4 | Possibilités d'actions dans le cadre<br>du projet interdisciplinaire |
|---|---|
| • Développer ses capacités d'écoute.<br>• Travailler les techniques de l'interprétation et de l'expression musicales.<br>• Élargir sa culture musicale. | • Réaliser un accompagnement musical.<br>• Insérer des parties chantées.<br>• Chanter en canon. |

### Pistes de travail en histoire des arts

| Connaissances et compétences<br>Programme d'histoire des arts – Cycle 4 | Possibilités d'actions dans le cadre<br>du projet interdisciplinaire |
|---|---|
| • Comparer un texte poétique et sa mise en musique.<br>• Replacer une œuvre dans son contexte, acquérir des techniques d'analyse. | • Interpréter et mettre en scène un texte.<br>• Concevoir une mise en image et/ou dans l'espace. |

### Pistes de travail en français

| Connaissances et compétences<br>Programme de français – Cycle 4 | Possibilités d'actions dans le cadre<br>du projet interdisciplinaire |
|---|---|
| • Étudier l'incursion du fantastique dans le réel.<br>• Comparer la traduction d'un texte à l'original. | • Travailler la mise en voix et l'interprétation d'un texte littéraire.<br>• Élaborer la version française d'un texte en langue étrangère. |

# Hanna

## 1 Familie Knispel zieht um

**a.** Lies diesen ersten Teil. Was erfährst du über Hanna und ihre Familie?

**b.** Wie denkt die Mutter über das neue Haus? Und Hanna?

Ich heiße Hanna und bin hier bloß das Kind. Eigentlich heiße ich ja Johanna Maria Magdalena Knispel. Aber das sagt natürlich keiner.

Seit ein paar Wochen wohnen wir im Mühlenweg 13. (...)

In den Herbstferien haben Mama und Eberhard[1] den Umzug gemacht. Wenn ihr noch nie umgezogen seid, seid froh. Beim Umzug kommt nämlich alles weg. Das fängt mit der Zahnbürste an und hört bei den Gummistiefeln noch lange nicht auf. Manche Sachen verschwinden[2] sogar für immer.

„Diese Umzugskartons sind in Wirklichkeit Sachenfresser[3]“, hat Mama gesagt. Und dass sie sogar von Kindern gehört hätte, die beim Umzug für immer verschwinden. Und deshalb wäre es besser, ich würde für eine Weile zu Oma ziehen. (...)

Am vorletzten Tag der Herbstferien scheint die Sonne, und der Himmel ist so blau, dass ich am liebsten reinspringen möchte.

Mama hat angerufen. (...)

„Es ist alles fertig!“, hat sie gesagt. „Liebes, du wirst staunen!“ (...)

Als ich das Haus das letzte Mal gesehen habe, war dort eine riesige Baustelle. Tapetenfetzen[4], Bauschutt, und Farbeimer. Löcher[5] in den Wänden, eine Treppe ohne Geländer. Alles in allem sah es mehr nach Abenteuerspielplatz als nach Wohnung aus.

Die Einzige, die etwas anderes sah, war Mama gewesen.

„Schau mal hier, das ist dein Schlafzimmer!“

Mama hatte mich in ein muffig riechendes Zimmerchen mit einer halb abgerissenen[6] Rosentapete geführt.

„Ist das nicht schön? Da an der Wand wird der Kleiderschrank stehen und hier neben der Tür dein Bett. Na? Wie gefällt es dir?“

„Tja ... also ... ähh ...“

„Sag jetzt bitte nichts, Schätzchen! Ich schwöre, das wird das schönste Schlafzimmer, in dem je ein Kind geschlafen hat!“ (...)

**1.** *Eberhard = le beau père de Hanna* **2.** *disparaissent* **3.** *des « dévoreurs d'affaires »* **4.** *des lambeaux de papier peint* **5.** *des trous* **6.** *déchiré*

## 2 Das neue Haus

**a.** **Lies nun weiter. Was passiert an diesem Tag? Warum sieht das Haus jetzt ganz anders aus als vorher?**

**b.** **Wie reagieren Hannas Eltern? Und Hanna?**

„Da seid ihr ja endlich!", ruft Mama. In der Hand hält sie eine (...) Taucherbrille mit zugeklebtem Gesichtsfeld[7]. Ich ahne das Schlimmste. Oh, bitte nicht! Aber da sagt sie es schon.

„Mein Schatz, mein liebstes Hannalein, setz diese Brille auf!", sagt Mama.

Ich kenne das Spiel. Das machen sie immer bei Mamas Lieblingssendung im Fernsehen. Die Leute müssen zuerst diese Blindbrillen aufsetzen und werden dann in ihre frisch gestrichenen Wohnungen geführt. In den Wohnungen stehen lauter neue Möbel und viele brennende Kerzen, und die Wände von früher sind meistens auch nicht mehr da. Sogar die Treppen sind woanders. (...)

Das Letzte, was ich gerade noch (...) sehe, ist ausgerechnet Daniela Roggenknecht, die uns mit breitem Grinsen[8] aus dem Fenster des Nachbarhauses zusieht.

„Augenblickchen", ruft Eberhard. „Bleibt mal so! Ich mache ein Foto!"

Inzwischen ist mir alles egal. Die Großen machen ja sowieso, was sie wollen. Und ich ... bin hier bloß das Kind.

**7.** *un masque de plongée dont les verres sont occultés*
**8.** *en ricanant*

## 3 Die Sache mit Daniela Roggenknecht

**a.** **Lies weiter. Warum wird Hanna so wütend auf Daniela?**

**b.** **Was macht sie?**

Natürlich hat Daniela Roggenknecht nicht eine Minute gewartet. Ich schätze, sie hing schon am Telefon, als mich Eberhard noch fotografiert hat.

Auf jeden Fall wussten am Montag nach den Ferien alle Bescheid. Sogar die aus der Parallelklasse. Es war Schulgespräch.

Das Fernsehen hätte unser neues Haus renoviert, sagt Daniela Roggenknecht. Weil wir ja Asis[9] sind und nichts allein gebacken kriegen[10].

Mama sagt immer, ich soll mich nicht streiten. „Wenn jemand Streit sucht, dreh dich einfach um und geh weg", hat sie gesagt. Aber ich schwöre, es gibt Augenblicke, da kann man sich nicht einfach umdrehen und weggehen. Es gibt Augenblicke, da geht es um die Familienehre[11], und es wäre feige[12] und dumm, sich einfach umzudrehen und wegzugehen. „Hab ich recht oder hab ich recht?", fragt Daniela Roggenknecht. (...) Ich spüre, wie eine riesige Wutwelle in mir hochsteigt. Ich höre Danielas Kichern[13]. (...) Ich fühle, wie ich rot werde. Ich sehe die Kakaotüte in meiner Hand. Ich sehe, wie sich meine Hand mit der Kakaotüte langsam hebt ...

**9.** *des cas sociaux* **10.** *incapables de se débrouiller seuls* **11.** *l'honneur de la famille* **12.** *lâche*
**13.** *les petits rires*

## 4 Eine Tat und ihre Folgen …

**a.** Lies nun den letzten Auszug. Wie denkt Hanna über Daniela? Warum?

**b.** Wie reagiert Hannas Mutter am Ende? Warum? Hat Hanna das erwartet?

„Das hast du bitte nicht getan, Hanna!", sagt Mama.

Ich bin mit der Schulpsychologin im Rektorenzimmer. Die Rektorin hat Mama angerufen und mir dann das Telefon gegeben.

„Ich werde dich jetzt abholen", sagt Mama. (...)

Ich hasse die Schulpsychologin. Sie heißt Frau Schulte-Meyerbär und lässt einen nie ausreden. (...)

Daniela bekommt nie eine Strafe. Sie ist unheimlich beliebt und sogar Klassensprecherin. Alle Mädchen bewundern sie und alle möchten ihre Freundin sein. Vielleicht, weil sie so lange blonde Haare hat und die teuersten Nikes und das neueste iPhone und einen eigenen Fernseher im Zimmer und auch noch alles in Pink. Ihre Freundinnen dürfen Dani zu ihr sagen und am Wochenende mit ihr Pyjamapartys feiern, und am Montag stehen sie alle zusammen und flüstern und kichern, und wenn ich zufällig danebenstehe, sagt Daniela Roggenknecht:

„Johanna, würdest du bitte weitergehen, wir erzählen uns gerade Geheimnisse aus unserem Leben!" (...)

Wir setzen uns schweigend ins Auto. Mama fährt schweigend los. (...) Warum sagt Mama denn nichts? Sie könnte doch wenigstens schimpfen. Aber Mama schimpft nicht.

Kaum sind wir um die Ecke gebogen, fängt Mama an zu lachen. (...) Sie lacht, bis ihr die Tränen über die Wangen laufen.

„Kakao!", keucht sie. „Eine ganze Tüte Kakao! Großartig! Absolut großartig!"

Ich bin mir nicht sicher, ob Mama jetzt durchdreht, aber da hält sie schon an und nimmt mich lachend in den Arm.

„Hannalein, das hast du fein gemacht!", prustet sie.

„Aber ...", stammle ich.

„Kein Aber, mein Schatz! Es ist alles in Ordnung."

„Frau Hasenkreuzer und Frau Schulte-Meyerbär sehen das anders!"

„Egal", lacht Mama. „Schließlich hast du die Familienehre verteidigt[14]!"

**14.** *tu as défendu*

Jutta Richter, *Ich bin hier bloß das Kind*



## 5 Frau Roggenknecht ruft Hannas Mutter an. Sie hat eben erfahren, was in der Schule passiert ist und ist wütend. Spielt das Telefongespräch zu zweit.

# Ein Tisch ist ein Tisch

**1 Lies den ersten Teil der Geschichte.**

**a.** Was erfahren wir über den Mann? Versuche, sein Leben zu charakterisieren.

**b.** Was passiert eines Tages? Was glaubt der Mann zuerst? Wie reagiert er dann? Warum?

**Peter Bichsel**

**Peter Bichsel, 1935 in Luzern in der Schweiz geboren, arbeitete bis 1968 als Grundschullehrer. Für seine *Kindergeschichten* erhielt er 1970 den Deutschen Jugendbuchpreis.**

Ich will von einem alten Mann erzählen, von einem Mann, der kein Wort mehr sagt, ein müdes Gesicht hat, zu müd zum Lächeln und zu müd, um böse zu sein. Er wohnt in einer kleinen Stadt, am Ende der Straße oder nahe der Kreuzung. (...) Er trägt einen grauen Hut, graue Hosen, einen grauen Rock[1] und im Winter den langen grauen Mantel (...).

Im obersten Stock des Hauses hat er sein Zimmer, vielleicht war er verheiratet und hatte Kinder, vielleicht wohnte er früher in einer andern Stadt. Bestimmt war er einmal ein Kind, aber das war zu einer Zeit, wo die Kinder wie Erwachsene angezogen waren. Man sieht sie so im Fotoalbum der Großmutter. In seinem Zimmer sind zwei Stühle, ein Tisch, ein Teppich, ein Bett und ein Schrank. Auf einem kleinen Tisch steht ein Wecker, daneben liegen alte Zeitungen und das Fotoalbum, an der Wand hängen ein Spiegel und ein Bild.

Der alte Mann machte morgens einen Spaziergang und nachmittags einen Spaziergang, sprach ein paar Worte mit seinem Nachbarn, und abends saß er an seinem Tisch.

Das änderte sich nie, auch sonntags war das so. Und wenn der Mann am Tisch saß, hörte er den Wecker ticken, immer den Wecker ticken.

Dann gab es einmal einen besonderen Tag, einen Tag mit Sonne, nicht zu heiß, nicht zu kalt, mit Vogelgezwitscher, mit freundlichen Leuten, mit Kindern, die spielten – und das besondere war, dass das alles dem Mann plötzlich gefiel.

Er lächelte.

„Jetzt wird sich alles ändern", dachte er. Er öffnete den obersten Hemdknopf, nahm den Hut in die Hand (...) und freute sich. Er kam in seine Straße, nickte[2] den Kindern zu, ging vor sein Haus, stieg die Treppe hoch, nahm die Schlüssel aus der Tasche und schloss sein Zimmer auf.

Aber im Zimmer war alles gleich, ein Tisch, zwei Stühle, ein Bett. Und wie er sich hinsetzte, hörte er wieder das Ticken, und alle Freude war vorbei, denn nichts hatte sich geändert.

Und den Mann überkam eine große Wut.

Er sah im Spiegel sein Gesicht rot anlaufen (...); dann verkrampfte er seine Hände zu Fäusten[3], hob sie und schlug mit ihnen auf die Tischplatte, erst nur einen Schlag, dann noch einen, und dann begann er auf den Tisch zu trommeln und schrie dazu immer wieder: „Es muss sich ändern, es muss sich ändern!" (...)

„Immer derselbe Tisch", sagte der Mann, „dieselben Stühle, das Bett, das Bild. Und dem Tisch sage ich Tisch, dem Bild sage ich Bild, das Bett heißt Bett, und den Stuhl nennt man Stuhl. Warum denn eigentlich?" Die Franzosen sagen dem Bett „li", dem Tisch „tabl", nennen das Bild „tablo" und den Stuhl „schäs", und sie verstehen sich. Und die Chinesen verstehen sich auch.

**1.** *(ici) la veste* **2.** *fit un signe de la tête* **3.** *les poings*

## 2 Lies nun den zweiten Teil.

**a.** **Was ändert sich jetzt?**

**b.** **Übersetze den Abschnitt** *„Am Morgen blieb der Mann lange im Bild liegen … bis er den Tisch seiner Mutter fand"* **wieder in die alte Sprache.**

**c.** **Wie geht die Geschichte vielleicht weiter? Erfinde ein Ende.**

„Weshalb[4] heißt das Bett nicht Bild", dachte der Mann und lächelte, dann lachte er, lachte, bis die Nachbarn an die Wand klopften und „Ruhe" riefen.

„Jetzt ändert es sich", rief er, und er sagte von nun an dem Bett „Bild".

„Ich bin müde, ich will ins Bild", sagte er, und morgens blieb er oft lange im Bild liegen und überlegte, wie er nun dem Stuhl sagen wolle, und er nannte den Stuhl „Wecker".

Er stand also auf, zog sich an, setzte sich auf den Wecker und stützte die Arme auf den Tisch. Aber der Tisch hieß jetzt nicht mehr Tisch, er hieß jetzt Teppich. Am Morgen verließ also der Mann das Bild, zog sich an, setzte sich an den Teppich auf den Wecker und überlegte, wem er wie sagen könnte.

Dem Bett sagte er Bild.
Dem Tisch sagte er Teppich.
Dem Stuhl sagte er Wecker.
Der Zeitung sagte er Bett.
Dem Spiegel sagte er Stuhl.
Dem Wecker sagte er Fotoalbum.
Dem Schrank sagte er Zeitung.
Dem Teppich sagte er Schrank.
Dem Bild sagte er Tisch.
Und dem Fotoalbum sagte er Spiegel.

**4.** *Pour quelle raison ?*

Also:
Am Morgen blieb der alte Mann lange im Bild liegen, um neun läutete das Fotoalbum, der Mann stand auf und stellte sich auf den Schrank, damit er nicht an den Füßen fror, dann nahm er seine Kleider aus der Zeitung, zog sich an, schaute in den Stuhl an der Wand, setzte sich dann auf den Wecker an den Teppich, und blätterte den Spiegel durch, bis er den Tisch seiner Mutter fand.

Der Mann fand das lustig, und er übte den ganzen Tag und prägte sich die neuen Wörter ein. Jetzt wurde alles umbenannt: Er war jetzt kein Mann mehr, sondern ein Fuß, und der Fuß war ein Morgen und der Morgen ein Mann. (...)

Der alte Mann kaufte sich blaue Schulhefte und schrieb sie mit den neuen Wörtern voll, und er hatte viel zu tun damit, und man sah ihn nur noch selten auf der Straße.

Dann lernte er für alle Dinge die neuen Bezeichnungen[5] und vergaß dabei mehr und mehr die richtigen. Er hatte jetzt eine neue Sprache, die ihm ganz allein gehörte.

Hie und da träumte er schon in der neuen Sprache, und dann übersetzte er die Lieder aus seiner Schulzeit in seine Sprache, und er sang sie leise vor sich hin.

**5.** *les nouvelles dénominations*

## 3 Lies jetzt das Ende des Textes.

**a.** **Vergleiche es mit der Geschichte, die du erfunden hast.**

**b.** **Wie ist die Situation des Mannes am Ende? Was hältst du davon?**

Aber bald fiel ihm auch das Übersetzen schwer, er hatte seine alte Sprache fast vergessen, und er musste die richtigen Wörter in seinen blauen Heften suchen. (...)

Und es kam soweit, dass der Mann lachen musste, wenn er die Leute reden hörte.

Er musste lachen, wenn er hörte, wie jemand sagte: „Gehen Sie morgen auch zum Fußballspiel?" Oder wenn jemand sagte: „Jetzt regnet es schon zwei Monate lang." Oder wenn jemand sagte. „Ich habe einen Onkel in Amerika." Er musste lachen, weil er all das nicht verstand.

Aber eine lustige Geschichte ist das nicht. Sie hat traurig angefangen und hört traurig auf.

Der alte Mann im grauen Mantel konnte die Leute nicht mehr verstehen, das war nicht so schlimm.

Viel schlimmer war, sie konnten ihn nicht mehr verstehen.

Und deshalb sagte er nichts mehr.

Er schwieg, sprach nur noch mit sich selbst, grüßte nicht einmal mehr.

Peter Bichsel, *Ein Tisch ist ein Tisch,* aus: ders., *Kindergeschichten.*


## 4 Engagiere dich!

**Du machst dir Sorgen um den alten Mann. In einem Brief erzählst du dem Bürgermeister, was passiert ist, und fragst ihn, wie man dem Mann helfen könnte.**

# Mémento grammatical



## 1 La structure de base de l'allemand

La structure de base de l'allemand fonctionne à l'inverse du français : l'élément le plus important se trouve en dernière position et l'élément qui le détermine vient se placer à sa gauche.

→ *nach Berlin **fahren***

**aller** à Berlin

Cette structure, fondamentale en allemand, se retrouve dans le groupe infinitif, la proposition subordonnée, les noms composés, les nombres et l'expression de l'heure.

### 1 Le groupe infinitif

Le verbe à l'infinitif (le noyau du groupe) porte l'information principale et se trouve donc en dernière position. Les éléments qui apportent des précisions supplémentaires se placent à gauche de l'infinitif.

→ *mit dem Fahrrad zur Schule **fahren***
**aller** à l'école à vélo

→ *ins Kino **gehen wollen***
**vouloir aller** au cinéma

### 2 La proposition subordonnée

Dans la proposition subordonnée, le verbe reste en dernière position, comme dans le groupe infinitif. Mais il est conjugué et s'accorde avec le sujet.
Groupe infinitif
→ *ein neues Instrument lernen **wollen***
Proposition subordonnée
→ *Marlene macht bei der Musik-AG mit, weil sie ein neues Instrument lernen **will**.*

### 3 Les noms composés

- Dans les noms composés, le nom portant l'information la plus importante est en dernière place. Il est précédé par le ou les éléments qui le déterminent. Il donne son genre au nom composé, mais c'est le premier élément qui porte l'accent de mot.

→ *der Sportlehrer / die Sportlehrerin*

- On accentue *Sport*, car c'est l'élément qui précise de quel professeur il s'agit (*der Sportlehrer* et non pas *der Deutschlehrer*).

⚠ La traduction de ces mots en français n'est pas toujours automatique.

→ *der Klassenlehrer* (le professeur principal)

⚠ À noter, dans certains noms composés, la présence d'un « s » de jonction.

→ *der Weihnacht**s**markt*
→ *mein Lieblings**s**port*

### 4 Les nombres

De 13 à 99, la dizaine constitue l'élément de base. L'unité vient s'ajouter à gauche de la dizaine.

→ *fünfund**zwanzig*** (5 + 20)

**vingt**-cinq (20 + 5)

### 5 L'heure

L'heure pleine constitue l'élément de base.

→ *Es ist **zwei** (Uhr).*
→ *Es ist fünf nach **zwei**.* (cinq minutes après deux heures)
→ *Es ist Viertel vor **zwei**.* (un quart d'heure avant deux heures)
→ *Es ist halb **zwei**.* (la demie de deux heures, donc une heure et demie)

# 2 L'organisation de la phrase simple

## 1 La place du verbe conjugué

• Dans la phrase simple, le **verbe** n'est plus en dernière position, comme dans le groupe infinitif ou dans la subordonnée. Il occupe la **première** ou la **deuxième position**, selon le type d'énoncé.

| | Verbe en première place |
|---|---|
| L'interrogative globale | → ***Nimmst*** *du dein Handy mit?* |
| La phrase à l'impératif | → ***Nimm*** *doch dein Handy mit!* |

| | Verbe en deuxième place |
|---|---|
| L'interrogative partielle | → *Was* ***macht*** *ihr am Wochenende?* |
| La phrase déclarative | → *Ich* ***möchte*** *gern ins Kino gehen.* |

⚠ Par rapport au groupe infinitif ou à la subordonnée, seul le verbe conjugué se déplace en 1re ou 2e position. Les autres éléments, y compris les préverbes séparables, ne changent pas de place.

| Groupe infinitif | *mit dem Fahrrad zur Schule* ***fahren*** | *ins Kino gehen* ***wollen*** | *das T-Shirt* ***mitnehmen*** |
|---|---|---|---|
| Interrogative globale | ***Fährst*** *du mit dem Fahrrad zur Schule?*<br>V1 | ***Willst*** *du ins Kino gehen?*<br>V1 | ***Nimmst*** *du das T-Shirt* ***mit****?*<br>V1 |
| Déclarative | *Julian* ***fährt*** *mit dem Fahrrad zur Schule.*<br>V2 | *Lea* ***will*** *ins Kino gehen.*<br>V2 | *Felix* ***nimmt*** *das T-Shirt* ***mit****.*<br>V2 |

• Dans la **phrase déclarative**, le verbe conjugué occupe la **2e position**, c'est-à-dire qu'il est le deuxième élément de la phrase. La 1re place peut-être occupée par le groupe sujet ou par un groupe complément.

| 1er élément | Verbe conjugué en 2e position | Autres éléments de la phrase |
|---|---|---|
| *Das Mädchen*<br>(sujet) | ***möchte*** | *heute Nachmittag ins Kino gehen.* |
| *Heute Nachmittag*<br>(complément de temps) | ***möchte*** | *das Mädchen ins Kino gehen.* |
| *Auf dem Flohmarkt*<br>(complément de lieu) | ***findet*** | *das Mädchen immer tolle Sachen.* |
| *Die Hausaufgaben*<br>(complément d'objet) | ***mache*** | *ich nach dem Abendessen.* |
| *Mit dem Fahrrad*<br>(complément de moyen) | ***bist*** | *du in einer Viertelstunde in der Schule.* |

⚠ Certains éléments ne comptent pas comme premier élément, ce sont par exemple les conjonctions de coordination *und, aber, oder,* ainsi que *ja* et *nein.*

→ *Ja, ich komme gern mit, aber ich habe kein Geld.*

## 2 L'interrogative partielle

L'interrogative partielle, comme son nom l'indique, porte sur une partie de la phrase.
Elle est introduite par un mot interrogatif en *w-*.

**Les principaux mots interrogatifs**

| Exemple | La question porte sur | Traduction |
|---|---|---|
| ***Wer** kommt mit?* | la personne sujet | Qui vient avec nous ? |
| ***Wen** rufst du an?* | la personne complément à l'accusatif | Qui appelles-tu ? |
| ***Wem** schreibst du?* | le « bénéficiaire » (datif) | À qui écris-tu ? |
| ***Wo** wohnst du?* | le lieu où l'on est | Où habites-tu ? |
| ***Wohin** fährt er?* | le lieu où l'on va | Où va-t-il ? |
| ***Woher** kommst du?* | le lieu d'où l'on vient | D'où viens-tu ? |
| ***Was** machst du heute Nachmittag?* | le sujet ou complément d'objet (chose ou événement) | Qu'est-ce que tu fais cet après-midi ? |
| ***Wann** hast du morgen Schule?* | le temps | Quand as-tu école demain ? |
| ***Wie** machst du das?* | le moyen, la manière | Comment fais-tu cela ? |
| ***Warum** bist du so genervt?* | la cause | Pourquoi es-tu si énervé ? |

On forme également des composés avec *wie*, comme en anglais.

→ ***Wie alt** bist du?*
Quel âge as-tu ? (*How old?*)

→ ***Wie viele** Schüler sind in der Klasse?*
Combien d'élèves y a-t-il dans la classe ? (*How many?*)

→ ***Um wie viel** Uhr kommst du morgen?*
À quelle heure viens-tu demain ? (*At what time?*)

De même :

→ ***Wie lange?*** (Combien de temps ? / *How long?*),
***Wie oft?*** (Combien de fois? / *How often?*)

On peut également associer un interrogatif à une préposition.

→ ***Seit wann?*** (Depuis combien de temps ?),
***Mit wem?*** (Avec qui ?)

## 3 La négation avec *nicht*

*Nicht* se place devant les éléments que l'on veut nier. Quel que soit le type de phrase, il conserve la place qu'il occupe dans le groupe infinitif.

Groupe infinitif → ***nicht** mit dem Fahrrad zur Schule fahren **können***

Subordonnée → *Julian ist genervt, weil er heute **nicht** mit dem Fahrrad zur Schule fahren **kann**.*

Déclarative → *Julian **kann** heute **nicht** mit dem Fahrrad zur Schule fahren.*

⚠ Pour nier un groupe indéfini, on utilise *kein* (voir p. 125).

# 3 La subordonnée

Une proposition subordonnée ne peut pas fonctionner seule. Elle dépend d'un autre groupe, le plus souvent une proposition principale. Les deux propositions (principale et subordonnée) forment alors une phrase complexe et sont séparées par une virgule.

## 1 La proposition subordonnée conjonctive

Elle est introduite par une conjonction de subordination et le verbe conjugué reste en **dernière place**, c'est-à-dire à la place qu'occupe le verbe dans le groupe infinitif.

**a. Les subordonnées complétives (en fonction complément d'objet)**

| | Phrase simple | Subordonnée |
|---|---|---|
| **Déclarative** | *Marie **möchte** heute Nachmittag ins Kino gehen.* | *Marie sagt ihrer Freundin, **dass** sie heute Nachmittag ins Kino gehen **möchte**.* |
| **Interrogative globale** | ***Darf** ich das Instrument ausprobieren?* | *Die Schülerin fragt, **ob** sie das Instrument ausprobieren **darf**.* |
| **Interrogative partielle** | *Wann **beginnt** der Workshop?* | *Das Mädchen fragt, **wann** der Workshop **beginnt**.* |

**b. Les subordonnées circonstancielles**

- ***Weil*** exprime une cause.

➜ *Irina mag den Stadtpark, **weil** sie sich dort gut erholen **kann**.*

- ***Wenn*** exprime une condition.

➜ *Wir können ins Kino gehen, **wenn** du Lust **hast**.*

Dans une phrase complexe qui commence par une subordonnée, la subordonnée est le 1er élément de la phrase. Elle est immédiatement suivie du verbe de la principale qui occupe ainsi la 2e place dans la phrase.

➜ *Wenn das Wetter schlecht ist, **können** wir ins Kino gehen.*
(1 = *Wenn das Wetter schlecht ist*, 2 = ***können***)

### 2 La subordonnée infinitive

Dans la subordonnée infinitive, le verbe est à l'infinitif et donc en dernière position. Il est précédé de ***zu***.

➜ *Ich habe keine Lust, den ganzen Tag hier **zu bleiben**.*

Dans le cas d'un verbe à préverbe séparable, *zu* se place toujours devant le radical du verbe.

➜ *Ich finde es toll, in der Innenstadt **einzukaufen**.*

Pour exprimer le but, on peut utiliser une subordonnée infinitive introduite par ***um***.

➜ *Leonie möchte schnell in die Stadt, **um** eine neue Bluse **zu** kaufen.*

⚠ Une subordonnée infinitive peut aussi avoir la fonction sujet.

➜ *Es ist wichtig, in allen Situationen ruhig zu bleiben.*

# 4 Le groupe nominal

L'élément essentiel d'un groupe nominal est le nom. Ce groupe peut être constitué d'un nom seul.

➜ *Musik* dans *Ich mag Musik.*

Mais le plus souvent, il comporte plusieurs éléments, en particulier un déterminant.

➜ *der Direktor, mein Lieblingssport*

Le nom peut aussi être déterminé par un adjectif, un nom au génitif saxon (voir p. 125) ou un complément.

➜ *die **neue** Schülerin*

➜ ***Julias** Bruder*

➜ *mein Freund **aus Berlin***

➜ *die Schwester **meines Freundes***

Un groupe ainsi formé peut être remplacé par un pronom.

➜ *Julias Bruder* / *Der Bruder meiner Freundin* } *heißt Tim.*
→ *Er*

En allemand, le nom prend toujours une majuscule.

### 1 Les trois genres

L'allemand possède trois genres : le masculin (***der***), le féminin (***die***) et le neutre (***das***).

⚠ Les genres des noms allemands ne correspondent pas toujours à ceux des noms français.

➜ ***der** Tisch* (la table) ➜ ***die** Sonne* (le soleil)

Le neutre pourra aussi bien correspondre à un féminin qu'à un masculin français.

➜ ***das** Kleid* (la robe)

➜ ***das** Wetter* (le temps)

### 2 Le pluriel

Au pluriel, on ne fait plus la distinction entre les genres et il n'y a qu'une seule forme pour les trois genres, ***die***.

➜ *Die Männer* / *Die Kinder* / *Die Freundinnen* } *spielen Tennis.*
→ *Sie*

En français, on utilise essentiellement un « s » pour marquer le pluriel d'un nom, mais l'allemand possède de nombreuses marques de pluriel. Quand on apprend un nom, il faut donc l'apprendre avec son genre et son pluriel.

On présente toujours un nom sous la forme d'un groupe nominal au singulier avec :
– un article défini au nominatif qui nous indique le genre de ce nom,
– la marque du pluriel.

➜ *der Mann(¨er)* nous indique que *Mann* est masculin et que son pluriel est *die Männer*.

➜ *der Bruder(¨)* → masculin, pluriel *die Brüder*

➜ *das Mädchen(-)* → neutre, pluriel *die Mädchen* (inchangé)

➜ *das Kind(er)* → neutre, pluriel *die Kinder*

➜ *die Farbe(n)* → féminin, pluriel *die Farben*

## 3 Les déterminants

### a. L'article défini (*der, die, das*)

L'article défini s'emploie quand l'élément dont on parle est déjà connu ou identifié.

→ *die Stadt* (la ville dont je parle et non pas une ville parmi d'autres)

### b. L'article indéfini (*ein, eine*)

On emploie l'article indéfini pour désigner des éléments indéterminés, que l'on ne connaît pas ou que l'on n'identifie pas avec précision.

→ *Ich höre* ***ein Telefon***. (On ne sait pas précisément de quel téléphone il s'agit.)

⚠ Au pluriel, un groupe indéfini s'emploie sans article, là où le français utilise l'article « des ».

→ *Ich kaufe* ***ein Buch***. (un livre)
*Ich kaufe* ***Bücher***. (des livres)

### c. La forme négative (*kein*)

• Pour nier un groupe indéfini singulier ou pluriel (*ein Bleistift, Ø Bleistifte*), on emploie la forme négative ***kein***. *Kein* prend les mêmes terminaisons que *ein* / *eine*.

→ *Ich habe* ***keinen Bleistift***. (singulier)

→ *Ich habe* ***keine Bleistifte***. (pluriel)

• *Kein* sert également à nier les éléments que l'on ne peut pas dénombrer : le groupe partitif (du chocolat, de l'eau minérale…) et les expressions sans déterminant telles que *Geld, Zeit, Lust haben*.

→ *Ich möchte* ***keine*** *Schokolade.*

→ *Ich trinke* ***keinen*** *Kaffee.*

→ *Ich habe* ***kein*** *Geld* / ***keine*** *Zeit* / ***keine*** *Lust.*

| | Forme affirmative | Forme négative |
|---|---|---|
| **Groupes indéfinis singulier (masc., n., fém.)** | einen Freund / ein Auto / eine Krawatte } haben | keinen Freund / kein Auto / keine Krawatte } haben |
| **Groupes indéfinis pluriel (sans distinction de genre)** | Ø Bleistifte haben | keine Bleistifte haben |
| **Groupes partitifs (masc., n., fém.)** | Ø Kaffee / Ø Fleisch / Ø Schokolade } mögen | keinen Kaffee / kein Fleisch / keine Schokolade } mögen |

### d. Le déterminant possessif (*mein*)

Le déterminant possessif prend la même terminaison (marque de genre, de nombre et de cas) que l'article indéfini.

→ *ein Freund → mein Freund*

→ *eine Gitarre → meine Gitarre*

Le choix du déterminant dépend du possesseur.

| Possesseur | Pronom personnel | Déterminant possessif |
|---|---|---|
| 1re pers. du singulier | ich | **mein** Bruder |
| 2e pers. du singulier | du | **dein** Bruder |
| 3e pers. du singulier | er (masculin) / es (neutre) | **sein** Bruder |
| | sie (féminin) | **ihr** Bruder |
| 1re pers. du pluriel | wir | **unser** Bruder |
| 2e pers. du pluriel | ihr | **euer** Bruder<br>**eure** Schwester |
| 3e pers. du pluriel | sie | **ihr** Bruder |
| forme de politesse | **S**ie | **Ihr** Bruder |

Comme en anglais, à la 3e personne du singulier, le possessif varie selon le genre du possesseur.

• Possesseur masculin ou neutre :

→ *Das ist* ***Finn. Sein*** *Bruder heißt Fabian. (his brother)*

• Possesseur féminin :

→ *Das ist* ***Julia. Ihr*** *Bruder heißt Tim. (her brother)*

Pour choisir le déterminant possessif qui convient :

• On doit d'abord se demander qui est le possesseur.

→ *Finn →* ***sein*** → *Julia →* ***ihr***

→ *du →* ***dein*** → *wir →* ***unser***

• On ajoute ensuite la terminaison en fonction du genre, du nombre et du cas du nom qui suit.

→ *Lukas ruft sein**e** Mutter an.*

→ *Findest du dein**Ø** Handy?*

→ *Julia ruft ihr**en** Bruder an.*

### e. Le génitif saxon

Pour exprimer l'appartenance, l'allemand utilise aussi le génitif saxon. Il s'emploie avec un nom propre. Le nom propre prend un « s » à la fin et il joue le rôle du déterminant.

→ *Julias Bruder heißt Tim.*

Lorsque le nom propre se termine déjà par « s », « ß » ou « x », on utilise uniquement l'apostrophe.

→ *Lukas' Schwester heißt Laura.*

La construction est identique en anglais, mais la marque de l'appartenance est légèrement différente.

➜ *Jake**'s** sister*

On peut aussi exprimer l'appartenance avec la préposition *von*. ➜ *Der Bruder von Julia heißt Tim.*

**f. Autres déterminants**

• Le démonstratif *dieser, dieses, diese* (ce, cette) se décline comme *der, die, das.*

➜ *Dieses Mädchen heißt Julia.* (Cette fille s'appelle Julia.)

• Les quantificateurs *jeder* (chaque) et *alle* (tous) se déclinent comme *der, die, das.*

➜ *Jeden Sonntag* (chaque dimanche, tous les dimanches)

➜ *An alle Schüler aus der 8a.* (À tous les élèves de 8e a.)

• *Viele* (beaucoup de), *einige* (quelques), *wenige* (peu de) se déclinent comme un adjectif épithète.

➜ *viele große Städte* ➜ *nur wenige Schüler*

• L'interrogatif *welcher, welches, welche* (lequel, laquelle) permet d'identifier un objet ou une personne. Il se décline comme *der, die, das.*

➜ *Welches Kleid nimmst du?*

## 4 Les cas

L'allemand possède quatre cas : le nominatif, l'accusatif, le datif et le génitif.

Chaque cas correspond à une fonction du groupe nominal. La terminaison portée le plus souvent par le déterminant est la marque du genre, du nombre et du cas du groupe nominal. Elle est en quelque sorte une étiquette qui fournit des informations sur le groupe nominal.

⚠ Un groupe nominal introduit par une préposition se met au cas exigé par la préposition (voir 6 p. 128).

**a. Le nominatif**

Le nominatif correspond à la fonction sujet ou attribut du sujet.

➜ *Der Unterricht beginnt um 8 Uhr.* (*Der Unterricht* : sujet)

➜ *Jasmin ist meine Schwester.* (*meine Schwester* : attribut du sujet)

**b. L'accusatif**

L'accusatif est essentiellement le cas du complément d'objet du verbe (qui répond à la question *was?* ou *wen?*). Seul le masculin a une forme différente au nominatif et à l'accusatif : il prend la marque *-n* à l'accusatif (voir tableau 7).

➜ *Ich muss eine**n** Rock kaufen.*

**c. Le datif**

Le datif correspond à deux types de compléments.

• Certains verbes sont suivis d'un complément d'objet au datif : *helfen, danken, gratulieren*… Ce complément désigne généralement le « bénéficiaire » d'une action.

➜ *Jonathan hilft seiner Schwester.*

➜ *Das Mädchen dankt dem Bruder.*

• Par ailleurs, de nombreux verbes peuvent être suivis d'un complément à l'accusatif qui désigne l'objet transmis et d'un complément au datif qui désigne le bénéficiaire ou le destinataire. (On l'appelle aussi « complément d'objet second ».)

➜ *Nina schenkt ihrer Freundin eine Halskette.* (*ihrer Freundin* : ct datif ; *eine Halskette* : ct accusatif)

• Les marques du datif sont *-m* au masculin et au neutre, *-r* au féminin. Au pluriel, la marque est double : le déterminant prend la terminaison *-n* et on ajoute également *-n* au nom.

| | |
|---|---|
| **Masculin / Neutre** | *Alle gratulieren de**m** Geburtstagskind.* |
| **Féminin** | *Julia dankt ihre**r** Mutter.* |
| **Pluriel** | *Der Onkel hilft de**n** Kinder**n**.* |

**d. Le génitif**

Le génitif correspond à la fonction complément du nom.

➜ *Der Vater **meines Freundes** arbeitet bei BMW.* (*Der Vater meines Freundes* : groupe nominal sujet)

⚠ Le complément de nom au génitif n'a pas une fonction propre au niveau de la phrase. Dans l'exemple ci-dessus, *meines Freundes* complète *der Vater* et forme avec lui le groupe sujet de la phrase.

• La marque du génitif est ***-r*** au féminin et au pluriel.

➜ *das neue Kleid meine**r** Schwester*

➜ *die Mehrheit de**r** Jugendlichen*

• Au masculin et au neutre la marque est double, ***-s*** sur le déterminant et ***-s*** sur le nom.

➜ *das Tablet meine**s** Bruder**s***

➜ *die Renovierung de**s** Gebäude**s***

## 5 Les pronoms personnels

• Les pronoms personnels de la **3e personne** servent à remplacer des groupes nominaux. Ils se déclinent comme le groupe nominal et portent la marque de genre, de nombre et de cas (voir tableau 7).

➜ *Ich will meine Freundin anrufen.* → *Ich will **sie** anrufen.*

➜ *Der Direktor gratuliert de**n** Schüler**n**.* → *Der Direktor gratuliert **ihnen**.*

• À la **1re** et à la **2e personne**, les pronoms personnels désignent la ou les personnes qui parlent ou auxquelles on s'adresse.

⚠ À la **forme de politesse**, on utilise les pronoms de la 3e personne du pluriel avec une majuscule.

| | | Nominatif | Accusatif | Datif |
|---|---|---|---|---|
| **Singulier** | 1re personne | **ich** | **mich** | **mir** |
| | 2e personne | **du** | **dich** | **dir** |
| **Pluriel** | 1re personne | **wir** | **uns** | **uns** |
| | 2e personne | **ihr** | **euch** | **euch** |
| **Forme de politesse** | | **Sie** | **Sie** | **Ihnen** |

⚠ Le **pronom réfléchi** renvoie à la même personne que le sujet. À la 1re et à la 2e personne, il est identique au pronom personnel, mais a une forme particulière à la 3e personne.

→ *Ich interessiere **mich** für Sport. → Das Mädchen interessiert **sich** für Sport.*

→ *Wir wollen **uns** den Film ansehen. → Sie wollen **sich** den Film ansehen.*

## 6 Le groupe nominal avec adjectif épithète

• À la différence du français, l'adjectif épithète se place toujours devant le nom.

→ *Dieses Festival ist ein großes musikalisches Erlebnis.*

• Dans un groupe nominal défini, c'est le déterminant qui porte la marque de genre, de nombre et de cas. L'adjectif prend alors la terminaison ***-e*** aux formes suivantes :
– masculin nominatif : *der schön**e** Park*
– neutre nominatif et accusatif : *das neu**e** Haus*
– féminin nominatif et accusatif : *die klein**e** Stadt*
Il prend la terminaison ***-en*** à toutes les autres formes : *den schönen Park, die neuen Häuser…*

• Lorsque dans un groupe nominal, il n'y a pas de déterminant, ou lorsque le déterminant ne porte pas la marque de genre, de nombre et de cas, celle-ci se reporte sur l'adjectif épithète.
– *der Park → einØ schöne**r** Park*
– *das Haus → meinØ neue**s** Haus*
– *der Tee → gute**r** Tee*
– *da**s** Wasser → frische**s** Wasser*
– *di**e** Häuser → neu**e** Häuser*
– *bei schlechte**m** Wetter*

Dans les autres cas, les terminaisons sont les mêmes qu'avec l'article défini.

*die / eine* } *neue Schülerin*

*den / dem, einen / einem* } *neuen Computer*

⚠ En allemand, l'adjectif attribut est invariable.

→ *Till und Meike sind sehr sportlich.*

## 7 Récapitulatif : la déclinaison du groupe nominal

| | Nominatif | Accusatif | Datif | Génitif |
|---|---|---|---|---|
| **Masculin** | **der** (neue) Schüler<br>**einØ** (neu**er**) Schüler<br>er | **den** (neuen) Schüler<br>**einen** (neuen) Schüler<br>ihn | **dem** (neuen) Schüler<br>**einem** (neuen) Schüler<br>ihm | **des** (neuen) Schüler**s**<br>**eines** (neuen) Schüler**s** |
| **Neutre** | **das** (kleine) Kind<br>**einØ** (klein**es**) Kind<br>es | | **dem** (kleinen) Kind<br>**einem** (kleinen) Kind<br>ihm | **des** (kleinen) Kind**es**<br>**eines** (kleinen) Kind**es** |
| **Féminin** | **die** (neue) Freundin<br>**eine** (neue) Freundin<br>sie | | **der** (neuen) Freundin<br>**einer** (neuen) Freundin<br>ihr | **der** (neuen) Freundin<br>**einer** (neuen) Freundin |
| **Pluriel** | **die** (neuen) Freunde<br>Ø (neu**e**) Freunde<br>sie | | **den** (neuen) Freunden<br>Ø (neuen) Freunden<br>ihnen | **der** (neuen) Freunde<br>Ø (neu**er**) Freunde |

# 5 Les degrés de l'adjectif

• Comparatif d'**égalité** :

→ *Du bist **so groß wie** ich.*

• Comparatif d'**infériorité** :

→ *Du bist **nicht so groß wie** ich.*

La comparaison d'égalité ou d'infériorité est introduite par la conjonction ***wie.***

⚠ Dans ces deux exemples, *ich* est au nominatif, car il est sujet sous-entendu de *groß sein.*

• Comparatif de **supériorité (degré 1 de l'adjectif)** :
On le forme en ajoutant ***–er*** à l'adjectif. La comparaison est introduite par la conjonction ***als***.

→ *In der Jugendherberge ist es **billiger als** im Hotel.*

→ *Dein Bruder ist **kleiner** als du.*

• Le **superlatif** (degré 2 de l'adjectif)
On ajoute ***-st*** à l'adjectif. L'adjectif épithète conserve en outre sa terminaison (voir déclinaison p. 127). Il ne peut être précédé que d'un article défini ou d'un déterminant possessif.

→ *Es ist das schön**ste** Haus der Straße.*

⚠ Le superlatif de l'adverbe ou de l'adjectif attribut a une forme figée.
*schnell* → ***am schnellsten*** (le plus vite)

→ *Diese Sängerin singt **am schönsten**.*

→ *Sie gefällt mir **am besten**.*

⚠ Certains adjectifs prennent également l'inflexion :
*alt → älter → der älteste*
De même : *jung, groß, stark, gesund, kalt, warm, lang, kurz…*

⚠ Certaines formes sont irrégulières :

| | |
|---|---|
| *dunkel* → ***dunkler*** → *der, die, das dunkelste / am dunkelsten* | *gut* → ***besser*** → ***der, die, das beste / am besten*** |
| *teuer* → ***teurer*** → *der, die, das teuerste / am teuersten* | *gern* → ***lieber*** → ***am liebsten*** |
| *hoch* → ***höher*** → ***der, die, das höchste / am höchsten*** | *viel* → ***mehr*** → ***die meisten (la plupart) / am meisten*** |

# 6 Le groupe prépositionnel

C'est un groupe constitué d'une préposition suivie le plus souvent d'un groupe nominal ou d'un pronom, parfois d'un mot invariable.

→ *mit dem Großvater* → *mit ihm*

→ *mit dir* → *nach rechts*

Le groupe nominal ou le pronom se mettent au cas exigé par la préposition. Il faut donc apprendre la préposition avec le cas qu'elle exige.

## 1 Prépositions suivies de l'accusatif

• ***für*** (pour)

→ *Ich suche ein Geschenk **für** meinen Vater.*

• ***gegen*** (contre)

→ *Dortmund spielt **gegen** den FC Bayern.*

• ***durch*** (à travers)

→ *Wir laufen zuerst **durch** den Park.*

• ***um*** (autour de)

→ *Wir sind **um** die Welt gereist.*

• ***ohne*** (sans)

→ *Das kann ich **ohne** Salz nicht essen.*

## 2 Prépositions suivies du datif

• ***mit*** (avec) → *Wir fahren **mit** dem Bus.*

• ***von*** (de) → *Das ist ein Geschenk **von** meiner Tante.*

• ***aus*** (origine, provenance) → *Meine Familie kommt **aus** der Schweiz.*

• ***zu*** (vers, à) → *Wir gehen **zur** Schule.*

• ***bei*** (chez, près de) → *Ich esse **bei** meiner Oma.*

• ***nach*** (direction, après) → ***Nach** der Schule gehen wir ins Eiscafé.*

• ***seit*** (depuis) → *Er wohnt **seit** zwei Jahren in Berlin.*

## 3 Prépositions suivies de l'accusatif ou du datif

Ces prépositions sont suivies de l'accusatif ou du datif, selon qu'elles expriment le changement de lieu (directif) ou le séjour dans un lieu (locatif).

| **Lieu où l'on va (directif) :** ***Wohin?*** **→ Accusatif** | **Lieu où l'on est (locatif) :** ***Wo?*** **→ Datif** |
|---|---|
| *Die Kinder gehen* ***in die*** *Schule.*<br>(Les enfants vont à l'école.) | *Die Kinder sind* ***in der*** *Schule.*<br>(Les enfants sont à l'école.) |
| *Wir fahren* ***an die*** *Ostsee.*<br>(Nous allons au bord de la Baltique.) | *Wir zelten* ***an der*** *Ostsee.*<br>(Nous faisons du camping au bord de la Baltique.) |
| *Leg das Handy* ***auf den*** *Schreibtisch!*<br>(Pose le portable sur le bureau !) | *Dein Handy liegt* ***auf dem*** *Schreibtisch.*<br>(Ton portable est sur le bureau.) |
| *Stell den Papierkorb* ***unter den*** *Tisch!*<br>(Mets la poubelle sous la table !) | *Die Katze schläft* ***unter dem*** *Bett.*<br>(Le chat dort sous le lit.) |
| *Häng das Bild* ***über das*** *Sofa.*<br>(Accroche le tableau au-dessus du canapé.) | *Das Bild hängt* ***über dem*** *Sofa.*<br>(Le tableau est au-dessus du canapé.) |
| *Ich mache ein Foto. Stell dich* ***vor den*** *Brunnen!*<br>(Mets-toi devant la fontaine !) | *Sven steht* ***vor dem*** *Brunnen.*<br>(Sven est devant la fontaine.) |
| *Stell das Fahrrad* ***hinter das*** *Haus.*<br>(Pose le vélo derrière la maison.) | *Das Fahrrad steht* ***hinter dem*** *Haus.*<br>(Le vélo est derrière la maison.) |
| *Setz dich* ***neben den*** *Opa.*<br>(Assieds-toi à côté du grand-père.) | *Felix sitzt* ***neben dem*** *Opa.*<br>(Felix est assis à côté du grand-père.) |
| *Yannis, setz dich* ***zwischen deine*** *Großeltern.*<br>(Yannis, assieds-toi entre tes grands-parents.) | *Yannis sitzt* ***zwischen den*** *Großeltern.*<br>(Yannis est assis entre ses grands-parents.) |

Certaines prépositions peuvent se contracter avec l'article défini :

in das → **ins**  
in dem → **im**  
an das → **ans**  
an dem → **am**  
bei dem → **beim**  
von dem → **vom**  
zu dem → **zum**  
zu der → **zur**

⚠ Une même préposition peut avoir des sens différents selon le contexte.

→ *Das Auto steht* ***vor dem Haus.*** (sens spatial, « devant »)

→ ***Vor dem Essen*** *muss ich noch schnell Brot holen.* (sens temporel, « avant »)

→ ***Vor drei Jahren*** *haben wir Urlaub an der Ostsee gemacht.* (sens temporel, « il y a »)

→ *Hast du keine Angst* ***vor Spinnen?*** (avoir peur de quelque chose)

# 7 Le verbe

## 1 Le présent de l'indicatif

### a. *Sein, haben* et *werden*

| | **sein** (être) | **haben** (avoir) | **werden** (devenir) |
|---|---|---|---|
| ich | **bin** | **habe** | **werde** |
| du | **bist** | **hast** | **wirst** |
| er, sie, es | **ist** | **hat** | **wird** |
| wir | **sind** | **haben** | **werden** |
| ihr | **seid** | **habt** | **werdet** |
| sie, Sie | **sind** | **haben** | **werden** |

⚠ ***Werden*** employé avec un verbe à l'infinitif permet d'exprimer le futur. On utilise cette forme pour insister (réalisation certaine, promesse, engagement).

→ *Das* ***wird*** *ein schönes Fest* ***sein****!*

En règle générale, la présence d'un complément de temps suffit à donner une valeur de futur à la phrase.

→ ***Nächsten Sommer*** *fahren wir nach Kanada.*

### b. Les verbes faibles et forts

En allemand, il n y a pas de groupes comme en français, mais deux types de verbes :

- les verbes faibles, dont la voyelle du radical ne change jamais ;

• les verbes forts, dont la voyelle du radical change au prétérit. Certains subissent également un changement de voyelle à la 2e et à la 3e personne du singulier du présent de l'indicatif (*a/ä, au/äu, e/ie* ou *i*) et au participe II.

À cela s'ajoutent quelques verbes dont la conjugaison est irrégulière (verbes de modalité, *wissen, denken, bringen...*).

| | **lernen** (apprendre) | **reiten** (faire du cheval) | **schlafen** (dormir) | **sehen** (voir) | **nehmen** (prendre) |
|---|---|---|---|---|---|
| **ich** | lern**e** | reit**e** | schlaf**e** | seh**e** | nehm**e** |
| **du** | lern**st** | reit**est** | schl**ä**f**st** | s**ie**h**st** | n**imm**s**t** |
| **er, sie, es** | lern**t** | reit**et** | schl**ä**f**t** | s**ie**h**t** | n**imm**t |
| **wir** | lern**en** | reit**en** | schlaf**en** | seh**en** | nehm**en** |
| **ihr** | lern**t** | reit**et** | schlaf**t** | seh**t** | nehm**t** |
| **sie, Sie** | lern**en** | reit**en** | schlaf**en** | seh**en** | nehm**en** |

**c. Les verbes de modalité**

| | | |
|---|---|---|
| **können** | **Possibilité**<br>**Capacité**<br>**Impossibilité** | *Die Sonne scheint. Wir können picknicken.*<br>*Jana kann sehr gut schwimmen.*<br>*Es regnet. Du kannst nicht baden gehen.* |
| **dürfen** | **Autorisation**<br>**Interdiction** | *Die Kinder dürfen heute Abend ins Kino gehen.*<br>*Du darfst jetzt kein Eis essen!* |
| **müssen** | **Obligation absolue, nécessité qui s'impose d'elle-même** | *Wir müssen morgen um 9 Uhr in der Schule sein.*<br>*Ich bin krank. Ich muss im Bett liegen.* |
| **sollen** | **Devoir, obligation, recommandation, imposés par un tiers (personne, société, morale...)** | *Du sollst besser aufpassen!*<br>*Was soll ich tun?*<br>*Soll ich das Fenster zumachen?* |
| **wollen** | **Volonté, intention** | *Ich will morgen einkaufen gehen.* |
| **mögen** | **Goût, désir, envie** | *Ich mag Sport und Musik.*<br>*Ich mag diesen Film nicht.*<br>*Ich mag keinen Stress.*<br>*Ich möchte gern etwas essen.* (j'aimerais) |

| | **können** (être capable de) | **dürfen** (avoir le droit) | **müssen** (être obligé) | **sollen** (devoir) | **wollen** (vouloir) | **mögen** (avoir envie de, aimer) |
|---|---|---|---|---|---|---|
| **ich** | **kannØ** | **darfØ** | **mussØ** | sollØ | **willØ** | **magØ** |
| **du** | **kann**st | **darf**st | **musst** | soll**st** | **will**st | **mag**st |
| **er, sie, es** | **kannØ** | **darfØ** | **mussØ** | sollØ | **willØ** | **magØ** |
| **wir** | könn**en** | dürf**en** | müss**en** | soll**en** | woll**en** | mög**en** |
| **ihr** | könn**t** | ihr dürf**t** | müss**t** | soll**t** | woll**t** | mög**t** |
| **sie, Sie** | könn**en** | dürf**en** | müss**en** | soll**en** | woll**en** | mög**en** |

## 2 Le mode impératif

L'impératif sert à donner un ordre ou un conseil. On ne l'utilise qu'à la 2e personne et à la forme de politesse. À l'impératif, seuls les verbes forts en ***-e*** conservent le changement de voyelle à la 2e personne du singulier.

| | Verbes forts en *-e* | Tous les autres verbes |
|---|---|---|
| 2e personne singulier | ***Lies*** *den Text!* | ***Fahr*** *doch nicht so schnell!* |
| 2e personne pluriel | ***Lest*** *den Text!* | ***Fahrt*** *doch nicht so schnell!* |
| Forme de politesse | ***Lesen Sie*** *bitte diesen Brief!* | ***Fahren Sie*** *doch nicht so schnell!* |

⚠ Pour rapporter un ordre, on utilise une subordonnée avec le verbe *sollen*.

→ *Der Musiklehrer sagt, dass ich meine Technik verbessern soll.*

## 3 Le parfait

Le parfait (ou passé composé) indique qu'une action est accomplie ou achevée. Il s'emploie donc pour évoquer des événements qui ont déjà eu lieu ou pour tirer un bilan de quelque chose.
C'est un temps composé qui se forme avec :
– l'auxiliaire ***sein*** ou ***haben*** ;
– le participe II (ou participe passé) du verbe.

### a. Le choix de l'auxiliaire

On emploie ***sein*** uniquement :

- avec les verbes intransitifs (ceux qui ne peuvent pas avoir un complément à l'accusatif) exprimant un déplacement ou un mouvement dans l'espace ou un changement d'état.

→ *Gestern sind wir ins Kino gegangen.*

→ *Wir sind heute sehr früh aufgestanden.*

→ *Du bist aber groß geworden!*

- avec *passieren* et *geschehen* (événement).

→ *Was ist passiert? Was ist geschehen?*

- pour conjuguer *sein* et *bleiben*.

→ *Er ist krank gewesen.*

→ *Wir sind drei Tage in Berlin geblieben.*

Dans les autres cas, on utilise l'auxiliaire ***haben***.

→ *Ich habe meine Großeltern nach Köln begleitet.* (verbe transitif : complément à l'accusatif)

→ *Mein Onkel hat lange in Berlin gewohnt.* (verbe intransitif, mais qui n'exprime ni déplacement, ni changement d'état)

### b. La formation du participe II

- Pour les verbes faibles : ***ge-*** devant le radical et terminaison ***-t***.

→ *machen* → ***gemacht***

- Pour les verbes forts : ***ge-*** devant le radical terminaison ***-en***.

→ *schlafen* → ***geschlafen***

Le radical peut changer de voyelle.

→ *helfen* → ***geholfen***

Pour savoir si le radical subit un changement de voyelle, il faut apprendre par cœur les différents verbes forts (voir liste pp. 133-134).

⚠ Verbes avec un préverbe séparable : ***ge-*** se place devant le radical du verbe.

→ *mitnehmen* → ***mitgenommen***

⚠ Certains verbes ne prennent pas *ge-* au participe II. Ce sont les verbes qui ne sont pas accentués sur la première syllabe :

- les verbes qui ont un suffixe accentué, comme par exemple *-ieren*.

→ *telefonieren* → *Laras Vater hat mit der Klassenlehrerin* ***telefoniert***.

- les verbes formés avec un préverbe inséparable (*be-*, *emp-*, *ent-*, *er-*, *ge-*, *ver-*, *zer-*).

→ *verbringen* → *Ich habe die Sommerferien in Österreich* ***verbracht***.

## 4 Le prétérit

Pour décrire un fait situé dans le passé, on peut également employer le prétérit, qui correspond en français à l'imparfait et au passé simple. Il est souvent utilisé dans les contes et dans les récits.
Dans la langue courante, on l'emploie fréquemment pour quelques « verbes-outils ».

→ ***sein*** → *Ich* ***war*** *gestern in Dortmund.*

→ ***haben*** → *Ich* ***hatte*** *keine Zeit.*

- Les **verbes de modalité** et *wissen*

→ *Ich* ***konnte*** *gestern nicht kommen. Ich* ***musste*** *meiner Mutter helfen.*

- Le prétérit des verbes faibles se forme en ajoutant la marque ***-te*** au radical.

→ *spielen* → *er* ***spielte***

- Les verbes se terminant par ***-t*** ou ***-d*** prennent un ***e*** intercalaire.

→ *er* ***arbeitete***

Pour les verbes forts, la voyelle du radical change.

→ *fahren* → *er **fuhr***

À ces formes de base on ajoute les terminaisons de personnes, qui sont identiques à celles des verbes de modalité au présent : ***Ø**, **-st**, **Ø**, **-(e)n**, **-t**, **-(e)n**.*

| | spielen | fahren | sein | haben | können | müssen |
|---|---|---|---|---|---|---|
| **ich** | **spielteØ** | **fuhrØ** | **warØ** | **hatteØ** | **konnteØ** | **mussteØ** |
| **du** | spielte**st** | fuhr**st** | war**st** | hatte**st** | konnte**st** | musste**st** |
| **er, sie, es** | spielte**Ø** | fuhr**Ø** | war**Ø** | hatte**Ø** | konnte**Ø** | musste**Ø** |
| **wir** | spielte**n** | fuhr**en** | war**en** | hatte**n** | konnte**n** | musste**n** |
| **ihr** | spielte**t** | fuhr**t** | war**t** | hatte**t** | konnte**t** | musste**t** |
| **sie / Sie** | spielte**n** | fuhr**en** | war**en** | hatte**n** | konnte**n** | musste**n** |

Il suffit ainsi de mémoriser la première personne et d'ajouter ensuite les terminaisons de personnes.

| Infinitif | Prétérit |
|---|---|
| werden | ich **wurde** |
| wollen | ich **wollte** |
| sollen | ich **sollte** |

| Infinitif | Prétérit |
|---|---|
| mögen | ich **mochte** |
| dürfen | ich **durfte** |
| wissen | ich **wusste** |

## 5 Le subjonctif II

Le subjonctif II permet d'exprimer :

- une suggestion, une possibilité ou un conseil.

→ *Wir **könnten** ins Kino gehen.*

→ *Du **solltest** deine Großmutter besuchen.*

- un souhait, une hypothèse.

→ *Ich **möchte** gern um die Welt reisen.*

→ *Ich **würde** gern um die Welt **reisen**.*

→ ***Hättet** ihr auch Lust, um die Welt zu reisen?*

→ *Es **wäre** schön, wenn du mitkommen **könntest**.*

On emploie ces formes de subjonctif II essentiellement pour les verbes auxiliaires et les verbes de modalité. On forme le subjonctif II de ces verbes à partir du prétérit, en ajoutant lorsque c'est possible, ***-e*** et l'inflexion, puis les terminaisons de personnes, qui sont identiques à celles du prétérit et des verbes de modalité au présent : ***Ø**, **-st**, **Ø**, **-n**, **-t**, **-n**.*

| Infinitif | Prétérit | Subjonctif II |
|---|---|---|
| sein | er war | er **wäre** |
| haben | er hatte | er **hätte** |
| können | er konnte | er **könnte** |
| sollen | er sollte | er **sollte*** |
| mögen | er mochte | er **möchte** |
| werden | er wurde | er **würde** |

* *sollen* et *wollen* ne prennent pas l'inflexion.

Pour la plupart des autres verbes, on emploie de préférence la forme ***würde*** + infinitif.

→ *Wenn ich Geld hätte, **würde** ich nach Südamerika **reisen**.*

# 8 Verbes forts et verbes faibles irréguliers

| Infinitif | 3e pers. présent | Prétérit | Parfait | Traduction |
|---|---|---|---|---|
| *an*fangen | *er fängt an | er fing an | er hat angefangen | *commencer* |
| *auf*stehen | er steht auf | er stand auf | er **ist** aufgestanden | *se lever* |
| *aus*leihen | er leiht aus | er lieh aus | er hat ausgeliehen | *emprunter* |
| beginnen | er beginnt | er begann | er hat begonnen | *commencer* |
| bekommen | er bekommt | er bekam | er hat bekommen | *recevoir* |
| biegen | er biegt | er bog | er **ist** gebogen | *tourner* |
| bieten | er bietet | er bot | er hat geboten | *offrir* |
| bitten | er bittet | er bat | er hat gebeten | *prier, demander* |
| bleiben | er bleibt | er blieb | er **ist** geblieben | *rester* |
| bringen | er bringt | er brachte | er hat gebracht | *apporter* |
| denken | er denkt | er dachte | er hat gedacht | *penser* |
| *ein*schlafen | *er schläft ein | er schlief ein | er **ist** eingeschlafen | *s'endormir* |
| entscheiden | er entscheidet | er entschied | er hat entschieden | *décider* |
| entstehen | er entsteht | er entstand | er **ist** entstanden | *se former, apparaître* |
| essen | *er isst | er aß | er hat gegessen | *manger* |
| fahren | *er fährt | er fuhr | er **ist** gefahren | *aller (en véhicule)* |
| fallen | *er fällt | er fiel | er **ist** gefallen | *tomber* |
| finden | er findet | er fand | er hat gefunden | *trouver* |
| fliegen | er fliegt | er flog | er **ist** geflogen | *voler* |
| fliehen | er flieht | er floh | er **ist** geflohen | *fuir* |
| fließen | er fließt | er floss | er **ist** geflossen | *couler* |
| frieren | er friert | er fror | er hat gefroren | *geler, avoir froid* |
| geben | *er gibt | er gab | er hat gegeben | *donner* |
| gefallen | *er gefällt | er gefiel | er hat gefallen | *plaire* |
| gehen | er geht | er ging | er **ist** gegangen | *aller* |
| genießen | er genießt | er genoss | er hat genossen | *profiter de* |
| geschehen | *es geschieht | es geschah | es **ist** geschehen | *se passer, arriver* |
| gewinnen | er gewinnt | er gewann | er hat gewonnen | *gagner* |
| halten | *er hält | er hielt | er hat gehalten | *s'arrêter, tenir* |
| hängen | er hängt | er hing | er hat gehangen | *être accroché* |
| heben | er hebt | er hob | er hat gehoben | *lever (quelque chose)* |
| heißen | er heißt | er hieß | er hat geheißen | *s'appeler* |
| helfen | *er hilft | er half | er hat geholfen | *aider* |
| kennen | er kennt | er kannte | er hat gekannt | *connaître* |
| klingen | er klingt | er klang | er hat geklungen | *sonner, émettre un son* |
| kommen | er kommt | er kam | er **ist** gekommen | *venir* |
| laden | *er lädt | er lud | er hat geladen | *charger* |
| lassen | *er lässt | er ließ | er hat gelassen | *laisser* |
| laufen | *er läuft | er lief | er **ist** gelaufen | *courir* |
| lesen | *er liest | er las | er hat gelesen | *lire* |
| liegen | er liegt | er lag | er hat gelegen | *être couché* |
| nehmen | *er nimmt | er nahm | er hat genommen | *prendre* |

| Infinitif | 3e pers. présent | Prétérit | Parfait | Traduction |
|---|---|---|---|---|
| nennen | er nennt | er nannte | er hat genannt | *nommer* |
| raten | *er rät | er riet | er hat geraten | *conseiller, deviner* |
| reiten | er reitet | er ritt | er **ist** geritten | *faire du cheval* |
| rennen | er rennt | er rannte | er ist gerannt | *courir* |
| rufen | er ruft | er rief | er hat gerufen | *appeler* |
| scheinen | er scheint | er schien | er hat geschienen | *sembler, briller* |
| schlafen | *er schläft | er schlief | er hat geschlafen | *dormir* |
| schlagen | *er schlägt | er schlug | er hat geschlagen | *frapper* |
| schließen | er schließt | er schloss | er hat geschlossen | *fermer* |
| schreiben | er schreibt | er schrieb | er hat geschrieben | *écrire* |
| schreien | er schreit | er schrie | er hat geschrien | *crier* |
| schweigen | er schweigt | er schwieg | er hat geschwiegen | *se taire* |
| schwimmen | er schwimmt | er schwamm | er **ist** geschwommen | *nager* |
| schwören | er schwört | er schwor | er hat geschworen | *jurer* |
| sehen | *er sieht | er sah | er hat gesehen | *voir* |
| singen | er singt | er sang | er hat gesungen | *chanter* |
| sitzen | er sitzt | er saß | er hat gesessen | *être assis* |
| sprechen | *er spricht | er sprach | er hat gesprochen | *parler* |
| springen | er springt | er sprang | er **ist** gesprungen | *sauter* |
| stehen | er steht | er stand | er hat gestanden | *être debout* |
| steigen | er steigt | er stieg | er **ist** gestiegen | *monter* |
| sterben | *er stirbt | er starb | er **ist** gestorben | *mourir* |
| streiten | er streitet | er stritt | er hat gestritten | *se disputer* |
| tragen | *er trägt | er trug | er hat getragen | *porter* |
| treffen | *er trifft | er traf | er hat getroffen | *rencontrer* |
| treiben (Sport) | er treibt Sport | er trieb Sport | er hat Sport getrieben | *faire du sport* |
| trinken | er trinkt | er trank | er hat getrunken | *boire* |
| treten | *er tritt | er trat | er **ist** getreten | *entrer* |
| tun | er tut | er tat | er hat getan | *faire* |
| unterscheiden | er unterscheidet | er unterschied | er hat unterschieden | *différencier* |
| verbinden | er verbindet | er verband | er hat verbunden | *assembler, relier* |
| vergessen | *er vergisst | er vergaß | er hat vergessen | *oublier* |
| vergleichen | er vergleicht | er verglich | er hat verglichen | *comparer* |
| verlieren | er verliert | er verlor | er hat verloren | *perdre* |
| verschwinden | er verschwindet | er verschwand | er **ist** verschwunden | *disparaître* |
| vertreten | *er vertritt | er vertrat | er hat vertreten | *représenter, défendre (une opinion)* |
| wachsen | *er wächst | er wuchs | er **ist** gewachsen | *grandir, pousser* |
| waschen | *er wäscht | er wusch | er hat gewaschen | *laver* |
| werben | *er wirbt | er warb | er hat geworben | *faire de la publicité* |
| werfen | *er wirft | er warf | er hat geworfen | *jeter* |
| wissen | *er weiß | er wusste | er hat gewusst | *savoir* |
| ziehen | er zieht | er zog | er hat/**ist** gezogen | *tirer, aller* |

* Changement de voyelle à la 2e et 3e personne du singulier.

# Lexique allemand-français

- Le lexique ne te sert pas uniquement à comprendre le sens d'un mot. Tu peux aussi vérifier l'orthographe des mots, le genre et le pluriel des noms, la conjugaison d'un verbe, etc.
- Certains noms composés n'apparaissent pas tels quels dans le lexique. Il faut alors rechercher les différents éléments (exemple : ***Reiseziel*** → voir ***Ziel*** et ***Reise***).
- En allemand, beaucoup d'adjectifs peuvent aussi être employés comme adverbes : ***ein ruhiges Kind*** (un enfant calme) ; ***ruhig sprechen*** (parler calmement).
- Les préverbes en italique sont séparables : ***an*fangen**.
- Les verbes forts et irréguliers sont indiqués par *.
- Les mots du lexique te permettent également de déduire le sens d'autres mots :
***begleiten*** (accompagner) → ***der Begleiter / die Begleiterin*** (accompagnateur, accompagnatrice), ***die Begleitmusik*** (musique d'accompagnement).

## A

**ab** à partir de
**_ab_biegen*** tourner
**Abend(e) (der)** soir
**Abenteuer(-) (das)** aventure
**Abfahrt (die)** départ
**Abitur (das)** baccalauréat
**Abkürzung(en) (die)** abréviation
**_ab_nehmen*** enlever
**abonnieren** s'abonner
**Absatz(¨-e) (der)** paragraphe
**Abschlussfeier (die)** fête de fin d'année
**_ab_warten** attendre
**achten** faire attention, respecter
**Adler(-) (der)** aigle
**Advent (der)** période de l'Avent
**AG(-s) (Arbeitsgemeinschaft) (die)** club, atelier
**ahnen** pressentir
**ähnlich** semblable
**Ägypter(-) (der)** Egyptien
**Akrobatik (die)** acrobatie
**Aktion(en) (die)** action
**aktiv** actif, ve
**Aktivität(en) (die)** activité
**Album (Alben) (das)** album
**allein** seul, e
**allerdings** toutefois
**Alltag (der)** vie quotidienne
**als** en tant que, comme
**alt** vieux, vieille
**Alter (das)** âge
**Altersheim(e) (das)** maison de retraite
**altmodisch** démodé, e
**Altstadt (die)** centre historique
**an** à, au, au bord de
**_an_bieten*** offrir, proposer
**ander-** autre
**ändern (sich)** changer, modifier
**Anfang(¨-e) (der)** début
**_an_fangen*** commencer
**Anfänger(-) (der)** débutant
**_an_fassen** toucher
**Angabe(n) (die)** indication
**Angebot(e) (das)** offre
**_an_gehören** faire partie de
**angenehm** agréable
**Angst(¨-e) (die)** peur
**_an_hören (sich)** écouter
**_an_klicken** cliquer
**_an_kommen*** arriver
**Ankunft (die)** arrivée
**_an_laufen* (rot)** rougir
**_an_melden (sich)** inscrire (s')
**Anmeldung(en) (die)** inscription
**_an_nehmen*** accepter
**_an_rufen*** appeler au téléphone
**_an_schauen (sich)** regarder
**_an_sprechen*** adresser la parole
**_an_starren** regarder fixement
**Antwort(en) (die)** réponse
**antworten** répondre
**anwesend** présent, e
**Anzeige(n) (die)** annonce
**_an_ziehen*** mettre (un vêtement)
**Anzug(¨-e) (der)** costume
**Apfel(¨-) (der)** pomme
**Apotheke(n) (die)** pharmacie
**Aquarium (-en) (das)** aquarium
**Arbeit(en) (die)** travail
**arbeiten** travailler
**Architekt(en) (der)** architecte
**Ärger (der)** mécontentement
**ärgern (sich)** fâcher (se)
**Argument(e) (das)** argument
**Arktis (die)** Arctique
**Arm(e) (der)** bras
**Art(en) (die)** façon, espèce
**Artikel(-) (der)** article
**Atmung (die)** respiration
**auch** aussi
**auf** sur
**_auf_fallen*** frapper, attirer l'attention
**Aufgabe(n) (die)** devoir, mission
**aufgeregt** énervé, e
**_auf_hören** cesser
**Aufmerksamkeit (die)** attention
**Aufnahme(n) (die)** enregistrement
**_auf_nehmen*** enregistrer
**_auf_passen** faire attention
**_auf_räumen** ranger
**aufregend** excitant
**_auf_reißen* (die Augen)** ouvrir de grands yeux
**_auf_schlagen*** ouvrir
**_auf_schließen*** ouvrir
**_auf_setzen** mettre (lunettes)
**Aufsicht (die)** surveillance
**_auf_stehen*** se lever
**Auftritt(e) (der)** entrée en scène
**_auf_wachen** se réveiller
**Auge(n) (das)** œil
**Augenblick(e) (der)** instant
**_aus_bilden** former
**Ausbildung (die)** formation
**_aus_denken* (sich)** imaginer
**Ausdruck(¨-e) (der)** expression
**_aus_drücken** exprimer
**_aus_füllen** remplir
**Ausgabe(n) (die)** dépense
**_aus_geben*** dépenser
**ausgerechnet** justement
**_aus_halten*** supporter
**Ausland (das)** étranger (pays)
**_aus_probieren** essayer, tester
**_aus_reden** terminer de parler
**_aus_rotten** exterminer
**Aussage(n) (die)** déclaration
**_aus_schalten** éteindre
**Ausschnitt(e) (der)** extrait
**_aus_sehen*** avoir l'air
**Aussicht (die)** vue
**_aus_steigen*** descendre
**_aus_stellen** exposer
**Ausstellung(en) (die)** exposition
**_aus_suchen (sich)** choisir
**Austausch(e) (der)** échange
**_aus_tauschen** échanger
**_aus_wählen** choisir
**_aus_wechseln** changer, remplacer
**Auszeichnung(en) (die)** distinction, récompense
**Auszug(¨-e) (der)** extrait
**Auto(s) (das)** voiture
**Automat(en) (der)** distributeur automatique

**Autor(en) (der) / Autorin(nen) (die)** auteur, e

## B

**Bach(¨e) (der)** ruisseau
**backen** cuire au four
**Bäcker(-) (der) / Bäckerin(nen) (die)** boulanger, boulangère
**Bad(¨er) (das), Badezimmer(-) (das)** salle de bains
**baden** se baigner
**Bahnhof(¨e) (der)** gare
**bald** bientôt
**Balkon(e) (der)** balcon
**Ball(¨e) (der)** balle
**Band(s) (die)** groupe musical
**Bank(¨e) (die)** banc
**Bank(en) (die)** banque
**basteln** bricoler
**bauen** construire
**Bauer(n) (der)** paysan
**Baum(¨e) (der)** arbre
**Baustelle(n) (die)** chantier
**Bayern** Bavière
**beantworten** répondre
**bearbeiten** travailler (un sujet)
**Becher(-) (der)** pot, gobelet
**bedeuten** signifier
**beenden** terminer
**befassen (sich)** s'occuper (d'une question)
**befinden* (sich)** se trouver
**befragen** questionner
**begeistern (sich)** enthousiasmer (s')
**beginnen*** commencer
**begleiten** accompagner
**begründen** justifier
**begrüßen** saluer
**behandeln** traiter (un sujet)
**beide, beides** (tous) les deux
**Beispiel(e) (das)** exemple
**Beitrag(¨e) (der)** contribution
**bekannt** connu, e, célèbre
**bekommen*** recevoir
**Belichtung (die)** temps de pose (photo)
**beliebt** apprécié, e
**bemalen** peindre, décorer
**bemerkenswert** remarquable
**benutzen** utiliser
**beobachten** observer
**bequem** agréable, confortable
**bereits** déjà
**Berg(e) (der)** montagne
**Bericht(e) (der)** compte rendu
**berichten** rendre compte
**Beruf(e) (der)** métier
**beruhigen (sich)** calmer (se)
**berühmt** célèbre
**Bescheid wissen** être informé, e
**beschreiben*** décrire
**Beschreibung(en) (die)** description
**besichtigen** visiter (monument, lieu)
**besonder-** particulier, ière
**besonders** particulièrement
**besprechen*** discuter d'un sujet
**besser** mieux
**best-** meilleur, e
**bestätigen** confirmer
**bestehen*** se composer de
**bestimmt** certainement
**Besuch(e) (der)** visite
**besuchen** rendre visite
**Beton (der)** béton
**betreffen*** concerner
**betreuen** s'occuper de
**Betreuung (die)** accompagnement, prise en charge
**Bett(en) (das)** lit
**bewegen (sich)** bouger, se déplacer
**bewerben* (sich)** postuler
**bewohnen** habiter
**Bewohner(-) (der)** habitant
**Bibliothek(en) (die)** bibliothèque
**bieten*** offrir, proposer
**Bilanz(en) (die)** bilan
**Bild(er) (das)** image, photo
**bilden** former
**billig** bon marché
**bis** jusqu'à
**bisschen (ein)** un peu
**bitte** s'il te/vous plaît
**bitten*** demander
**blasen*** souffler
**Blatt(¨er) (das)** feuille
**blättern** feuilleter
**blau** bleu, e
**Blechbläser (pl.)** cuivres (pl.)
**bleiben*** rester
**Bleistift(e) (der)** crayon
**Blick(e) (der)** vue, regard
**blicken** regarder
**blind** aveugle
**blöd** stupide
**Blödsinn (der)** idiotie
**Blog(s) (der)** blog
**blond** blond, e
**bloß** seulement
**Blume(n) (die)** fleur
**Boden(¨) (der)** sol
**Bodensee (der)** lac de Constance
**Boot(e) (das)** bateau
**böse** méchant, e
**brauchen** avoir besoin de
**braun** brun, e
**brennen*** brûler
**Brille(n) (die)** lunettes (pl.)
**bringen*** apporter
**Brot(e) (das)** pain
**Brücke(n) (die)** pont
**Bruder(¨) (der)** frère
**Buch(¨er) (das)** livre
**buchen** réserver
**Buchstabe(n) (der)** lettre (alphabétique)
**buchstabieren** épeler
**Bühne(n) (die)** scène (lieu)
**bunt** multicolore
**Burg(en) (die)** château
**Bürgermeister(-) (der) / Bürgermeisterin(nen) (die)** maire
**Bürste(n) (die)** brosse
**Bus(se) (der)** autobus, car
**Butter (die)** beurre

## C

**Cafeteria(s) (die)** cafétéria
**Campingplatz(¨e) (der)** le terrain de camping
**Casting(s) (das)** casting
**Cello(s) (das)** violoncelle
**Chance(n) (die)** chance, occasion
**Chat(s) (der)** chat (Internet)
**chatten** chatter
**chillen** se détendre
**Chor(¨e) (der)** chorale
**Choreograf(en) (der) / Choreografin(nen) (die)** chorégraphe
**Choreografie(n) (die)** chorégraphie
**Code(s) (der)** code
**Comic(s) (der)** bande dessinée
**Computer(-) (der)** ordinateur
**Countdown (der)** compte à rebours
**Cousin(s) (der) / Cousine(n) (die)** cousin, cousine
**Cover(-) (das)** couverture (d'un livre)

## D

**da** là
**dabei** en même temps, à cette occasion
**Dach(¨er) (das)** toit
**damals** à l'époque
**danach** après (adv.)
**dankbar** reconnaissant, e
**danke** merci
**danken** remercier
**dann** ensuite
**Datei(en) (die)** fichier
**Datum (-en) (das)** date
**Dauer (die)** durée
**dauerhaft** durable
**dauern** durer
**Debatte(n) (die)** débat
**Decke(n) (die)** couverture
**defekt** en panne
**Dekor(s) (der)** décor
**denken*** penser
**deshalb** pour cette raison
**designen** concevoir
**Detail(s) (das)** détail
**deutsch** allemand, e
**Deutsch (das)** allemand (langue)
**Deutsche(n) (der/die)** Allemand, e
**Deutschland** Allemagne
**Dialog(e) (der)** dialogue
**dick** gros, grosse
**Dienstag (der)** mardi
**Ding(e) (das)** objet
**direkt** direct, directement
**Dirigent(en) (der)** chef d'orchestre

**diszipliniert** discipliné, e
**Donnerstag (der)** jeudi
**doof** bête, nul
**Dorf(¨er) (das)** village
**Dose(n) (die)** boite, canette
**draußen** dehors
**Drehbuch(¨er) (das)** scénario
**drehen** tourner
**Dreieck(e) (das)** triangle
**Druck (der)** impression (d'un document)
**dunkel** sombre
**durch** à travers
***durch*drehen** disjoncter (fig.)
***durch*führen** réaliser
**Durchschnitt (der)** moyenne
**dürfen*** avoir le droit
**Durst (der)** soif
**duschen** prendre une douche

## E

**echt** vraiment
**Ecke(n) (die)** coin
**egal** égal, indifférent
**egoistisch** égoïste
**Ehepaar(e) (das)** couple
**Ehre(n) (die)** honneur
**Ei(er) (das)** œuf
**Eichhörnchen(-) (das)** écureuil
**Eierpiekser(-) (der)** pique-œuf
**eigen** propre (ce qui appartient à qqn)
**Eigenschaft(en) (die)** qualité
**eigentlich** à vrai dire
**ein paar** quelques
**Eindruck(¨e) (der)** impression
**einfach** simple, facile
**Einfamilienhaus(¨er) (das)** pavillon, maison individuelle
***ein*fügen** insérer
**einige** quelques
***ein*kaufen** faire les courses
**Einkaufsstraße(n) (die)** rue commerçante
***ein*laden*** inviter
**Einladung(en) (die)** invitation
**Einleitung(en) (die)** introduction
**einmal** une fois
***ein*prägen (sich)** assimiler, apprendre
**Einrad (das)** monocycle
***ein*richten** aménager
**einsam** solitaire
**Einsatz (der)** engagement
***ein*schlafen*** s'endormir
***ein*setzen (sich)** s'engager
***ein*teilen** répartir
**Eintritt (der)** entrée
**einverstanden sein** être d'accord
**einzig** seul, e
**Eis (das)** glace
**Eiscafé(s) (das)** glacier (lieu)
**Eltern (pl.)** parents
**Ende (das)** fin
**enden** se terminer
**engagieren (sich)** s'engager
**entdecken** découvrir
**Ente(n) (die)** canard, fausse nouvelle
**entfernt** éloigné, e
**enthalten*** contenir
**entscheiden* (sich)** décider (se)
**entschuldigen (sich)** excuser (s')
**Entschuldigung!** Pardon !
**entstehen*** naître, se développer (fig.)
**enttäuscht** déçu, e
**entwickeln (sich)** développer (se)
**Entwurf(¨e) (der)** projet, esquisse
**Erdgeschoss (das)** le rez de chaussée
**Ereignis(se) (das)** événement
**erfahren*** apprendre (une nouvelle)
**Erfahrung(en) (die)** expérience
**erfinden*** inventer
**Erfolg(e) (der)** réussite
**erfolgreich** couronné(e) de succès
**ergänzen** compléter
**Ergebnis(se) (das)** résultat
**erhalten*** recevoir
**erholen (sich)** se reposer
**erinnern (sich)** se souvenir
**erkennen*** reconnaître
**erklären** expliquer
**Erle(n) (die)** aulne
**erleben** vivre (un événement)
**Erlebnis(se) (das)** événement (vécu)
**erlernen** apprendre
**ermutigen** encourager
**ernähren (sich)** nourrir (se)
**ernst** sérieux, se
**eröffnen** ouvrir, inaugurer
**Eröffnung (die)** inauguration
**erreichbar** accessible
**erreichen** atteindre
**erschrecken*** être effrayé
**erstaunt** étonné, e
**erstellen** réaliser qqch. (faire)
**Erwachsene(n) (der)** adulte
**erwarten** attendre
**erzählen** raconter
**Erzählung(en) (die)** récit, histoire
**es gibt*** il y a
**essen*** manger
**etwas** quelque chose
**Euro(s) (der)** euro
**Event(s) (das)** événement

## F

**Fach(¨er) (das)** matière (école)
**fahren*** aller (en véhicule)
**Fahrkarte(n) (die)** billet (transport)
**Fahrrad(¨er) (das)** vélo
**Fahrradständer(-) (der)** parking pour vélos
**fair** correct, fair play
**Fall(¨e) (der)** cas, chute
**falsch** faux, fausse
**Familie(n) (die)** famille
**Fan(s) (der)** fan
**Farbe(n) (die)** couleur
**Farbstift(e) (der)** crayon de couleur
**Fasching (der)** carnaval
**fast** presque
**faul** paresseux, se
**Faust(¨e) (die)** poing
**fehlen** manquer, être absent
**feiern** fêter
**Feiertag(e) (der)** jour férié
**Feind(e) (der)** ennemi
**Fenster(-) (das)** fenêtre
**Ferien (pl.)** vacances
**Fernglas(¨er) (das)** jumelles
***fern*sehen*** regarder la télévision
**Fernseher(-) (der)** téléviseur
**fertig** terminé, e, prêt, e
**Fest(e) (das)** fête
**Festival(s) (das)** festival
**Festspiele (pl.)** festival
***fest*stellen** constater
**Feuer (das)** feu
**Figur(en) (die)** personnage
**Film(e) (der)** film
**Filzstift(e) (der)** feutre
**finden*** trouver
**Fisch(e) (der)** poisson
**Fläche(n) (die)** surface
**Flasche(n) (die)** bouteille
**Fleisch (das)** viande
**fleißig** appliqué, e
**fliegen*** voler
**fließen*** couler
**Flohmarkt(¨e) (der)** marché aux puces
**Flöte(n) (die)** flûte
**Flüchtling(e) (der)** réfugié
**Flug(¨e) (der)** vol
**Flügel(-) (der)** piano à queue, aile
**Flughafen(¨) (der)** aéroport
**Flugzeug(e) (das)** avion
**flüstern** chuchoter
**folgend** suivant
**Forelle(n) (die)** truite
**Form(en) (die)** moule (le)
**Forscher(-) (der)** chercheur
**Forschung (die)** recherche
**Fortsetzung(en) (die)** suite
**Foto(s) (das)** photographie
**Fotograf(en) (der) / Fotografin(nen) (die)** photographe
**fotografieren** photographier
**Foyer(s) (das)** hall (théâtre)
**Frage(n) (die)** question
**Fragebogen(-) (der)** questionnaire
**fragen** interroger
**Frankreich** France
**französisch** français, e
**Frau(en) (die)** femme
**frei** libre
**Freitag (der)** vendredi
**freiwillig** volontaire
**Freizeit (die)** temps libre, loisirs
**Fremdsprache(n) (die)** langue étrangère
**Freude(n) (die)** joie
**freuen (sich)** se réjouir
**Freund(e) (der), Freundin(nen) (die)** ami, amie
**Freundschaft(en) (die)** amitié

**frieren*** geler
**froh** heureux, euse
**Frosch(¨e) (der)** grenouille
**Frucht(¨e) (die)** fruit
**Frühling (der)** printemps
**Frühstück (das)** le petit-déjeuner
**frühstücken** prendre le petit-déjeuner
**fühlen (sich)** sentir (se)
**führen** guider
**Führung(en) (die)** visite guidée
**funktionieren** fonctionner
**für** pour
**Fuß(¨e) (der)** pied
**Fußball (der)** football
**Fußgängerzone(n) (die)** zone piétonne

## G

**ganz** tout, complètement
**Garten(¨) (der)** jardin
**Gasse(n) (die)** ruelle
**Gast(¨e) (der)** invité
**Gastfamilie(n) (die)** famille d'accueil
**Gebäude(-) (das)** bâtiment
**Gebell (das)** aboiements (pl.)
**geben*** donner
**Gebiet(e) (das)** territoire
**geboren** né, e
**Geburt(en) (die)** naissance
**Geburtstag(e) (der)** anniversaire
**Gedicht(e) (das)** poème
**geduldig** patient, e
**gefährlich** dangereux, euse
**gefallen*** plaire
**Gefühl(e) (das)** sentiment
**gegen** contre
**Gegend(en) (die)** région
**Gegenstand(¨e) (der)** objet
**Geheimnis(se) (das)** secret
**gehen*** aller
**Gehirn(e) (das)** cerveau
**gehören** appartenir
**Geige(n) (die)** violon
**geil** super, génial
**Gelände (das)** terrain
**gelb** jaune
**Geld (das)** argent
**Gemälde(-) (das)** tableau, peinture
**gemein** odieux, euse, méchant, e
**gemeinsam** en commun
**Gemüse (das)** légumes (pl.)
**gemütlich** confortable, chaleureux, euse
**genau** exact, e, précis, e
**generell** en général
**genervt** énervé, e
**genießen*** profiter, déguster
**genug** assez, suffisant
**geöffnet** ouvert, e
**gerade** juste, droit, e
**geradeaus** tout droit
**Gerät(e) (das)** appareil
**Geräusch(e) (das)** bruit
**gern** volontiers
**Gesang(¨e) (der)** chant
**Geschäft(e) (das)** magasin, boutique
**Geschenk(e) (das)** cadeau
**Geschichte(n) (die)** histoire
**Geschmack (der)** goût
**Geschwister (pl.)** frères et sœurs
**Gesellschaft(en) (die)** société
**Gesicht(er) (das)** visage
**gespannt** impatient, e (de savoir)
**Gespräch(e) (das)** conversation
**gestalten** concevoir, créer
**gestern** hier
**gesund** sain, e, en bonne santé
**Gesundheit (die)** santé
**Getränk(e) (das)** boisson
**Gewalt (die)** violence
**Gewässer(-) (das)** plan / cours d'eau
**Gewicht (das)** poids
**gewinnen*** gagner (à un jeu)
**Gewinner(-) (der)** gagnant
**Gezwitscher (das)** gazouillis
**Gitarre(n) (die)** guitare
**Glas(¨er) (das)** verre
**glauben** croire
**gleich** semblable, immédiatement
**Glück (das)** bonheur, chance
**glücklich** heureux
**Glühbirne(n) (die)** ampoule électrique
**Gott (¨er) (der) / Göttin(nen) (die)** dieu, déesse
**Grad (der)** degré
**Grapefruit(s) (die)** pamplemousse
**Gras (das)** herbe
**gratulieren** féliciter
**grau** gris, e
**greifen*** saisir
**Grenze(n) (die)** frontière
**groß** grand, e
**großartig** magnifique
**Größe(n) (die)** taille
**Großeltern (pl.)** grands-parents
**Großmutter(¨) (die)** grand-mère
**Großvater(¨) (der)** grand-père
**grün** vert, e
**Grünanlage(n), Grünfläche(n) (die)** espace vert
**Grund(¨e) (der)** motif, raison
**gründen** fonder
**Grundschule(n) (die)** école primaire
**Grundstück(e) (das)** terrain
**Gruppe(n) (die)** groupe
**grüßen** saluer
**gut** bien, bon, ne
**Gymnasium (-en) (das)** lycée

## H

**Haare (pl.)** cheveux
**haben*** avoir
**Hafen(¨) (der)** port
**halb-** demi, e
**Halbzeit(en) (die)** mi-temps
**Hälfte(n) (die)** moitié
**Hallenbad(¨er) (das)** piscine couverte
**halten*** tenir, s'arrêter, avoir un avis sur
**Haltestelle(n) (die)** arrêt (bus)
**Hand(¨e) (die)** main
**handeln (sich)** agir, s'agir (de)
**Handlung (die)** action (d'un récit)
**Handtuch(¨er) (das)** serviette de toilette
**Handy(s) (das)** téléphone portable
**Hang (der)** hang
**hängen / hängen*** accrocher / être accroché
**hart** dur, e
**Hase(n) (der)** lièvre
**hassen** détester
**hässlich** laid, e, affreux, euse
**Haupt-** principal
**Hauptstadt(¨e) (die)** capitale
**Haus(¨er) (das)** maison
**Hausaufgabe(n) (die)** devoir
**Hausmeister(-) (der)** gardien, concierge
**hautnah** de très près
**heben*** lever, soulever
**Heft(e) (das)** cahier
**Heim(e) (das)** foyer
**Heimat (die)** le pays natal
***heim*kommen*** rentrer chez soi
**heiraten** se marier
**heißen*** s'appeler
**Heizung (die)** chauffage
**Held(en) (der) / Heldin(nen) (die)** héros, héroïne
**helfen*** aider
**hell** clair, e
**Helm(e) (der)** casque
***heraus*finden*** trouver, découvrir
**Herbst (der)** automne
**Herr(en) (der)** monsieur
***her*stellen** fabriquer
***herunter*laden*** télécharger
**Herz(en) (das)** cœur
**herzlich** cordial, e
**heute** aujourd'hui
**hier** ici
**Hilfe(n) (die)** aide
**hilfsbereit** serviable
**Himmel (der)** ciel
**hindern** empêcher
**Hirn(e) (das)** cervelle
**Hobby(s) (das)** hobby
**hoch** haut, e
**Hochschule(n) (die)** école supérieure, université
**höflich** poli, e
**holen** aller chercher
**Holz (das)** bois
**Homepage(s) (die)** page d'accueil
**Honig (der)** miel
**hören** entendre
**Hose(n) (die)** pantalon
**Hotel(s) (das)** hôtel
**hübsch** joli, e, charmant, e
**Huhn(¨er) (das)** poule
**Hund(e) (der)** chien
**Hunger (der)** faim
**hupen** klaxonner
**Hut(¨e) (der)** chapeau

**Hütte(n) (die)** aciérie, cabane
**Hypothese(n) (die)** hypothèse

## I

**Imbiss(e) (der)** snack
**Imbissbude(n) (die)** snack, kiosque
**immer** toujours
**indiskret** indiscret, ète
**Informatiker(-) (der) / Informatikerin(nen) (die)** informaticien / informaticienne
**informieren (sich)** informer (s')
**Ingenieur(e) (der) / Ingenieurin(nen) (die)** ingénieur, e
**inlineskaten** faire du roller
**Innenstadt(¨-e) (die)** centre-ville
**Insekt(en) (das)** insecte
**Insel(n) (die)** île
**Instrument(e) (das)** instrument
**inszenieren** mettre en scène
**intelligent** intelligent, e
**interessant** intéressant, e
**Interesse(n) (das)** intérêt
**interessieren (sich)** intéresser (s')
**Internat(e) (das)** internat
**Internet (das)** Internet
**Internetzugang (der)** accès à Internet
**Interview(s) (das)** interview
**interviewen** interviewer
**irre** génial, e, dingue

## J

**Jacke(n) (die)** veste
**Jahr(e) (das)** année
**Jahrhundert(e) (das)** siècle
**-jährig** âgé de
**Jeans (pl.)** jean
**jede(r, s)** chaque
**jedenfalls** en tout cas
**jetzt** maintenant
**Jonglage (die)** art de jongler
**Judo (das)** judo
**jung** jeune
**Junge(n) (der)** garçon
**Jugendherberge(n) (die)** auberge de jeunesse
**Jugendliche(n) (der / die)** jeune (le / la)
**Jugendrat(¨-e) (der)** conseil municipal des jeunes
**Jugendzentrum (-en) (das)** maison des jeunes
**Jurte(n) die** yourte
**Jury(s) (die)** jury

## K

**Kaffee (der)** café
**Kaffeehaus(¨-er) (das)** café (lieu)
**Kalender(-) (der)** calendrier
**kalt** froid, e
**Kappe(n) (die)** casquette
**Karriere(n) (die)** carrière professionnelle
**Karte(n) (die)** carte, billet d'entrée
**Käse (der)** fromage
**Kaserne(n) (die)** caserne
**Katze(n) (die)** chat
**kaufen** acheter
**Kaugummi(s) (der)** chewing-gum
**kein-** pas un, une, pas de
**Keller(-) (der)** cave
**kennen*** connaître
***kennen* lernen** faire connaissance
**Kennzeichen(-) (das)** signe caractéristique
**Kerze(n) (die)** bougie
**Kette(n) (die)** chaîne, collier
**keuchen** haleter
**kichern** ricaner
**Kind(er) (das)** enfant
**Kino(s) (das)** cinéma
**Kirche(n) (die)** église
**Kita(s) (die)** garderie d'enfants
**Klamotten (pl.) (fam.)** fringues (fam.)
**Klappentext(e) (der)** texte de couverture
**klar** clair, e, évident, e
**klasse** super
**Klasse(n) (die)** classe
**Klassenarbeit(en) (die)** devoir sur table
**Klassenfahrt(en) (die)** voyage scolaire
**Klassenraum(¨-e) (der)** salle de classe
**Klassensprecher(-) (der) / Klassensprecherin(nen) (die)** délégué / déléguée de classe
**Klavier(e) (das)** piano
**kleben** coller
**Kleber(-) (der)** bâton de colle
**Kleid(er) (das)** robe
**Kleider (pl.), Kleidungsstücke (pl.)** vêtements
**klein** petit, e
**Kleinigkeit(en) (die)** bricole
**klettern** faire de l'escalade
**klingeln** sonner
**klingen*** tinter, avoir une sonorité
**klopfen** frapper
**Knopf(¨-e) (der)** bouton
**knuffig** mignon
**Koch(¨-e) (der) / Köchin(nen) (die)** cuisinier, cuisinière
**kochen** cuisiner
**kommen*** venir
**Kommentar(e) (der)** commentaire
**komponieren** composer
**Komponist(en) (der)** compositeur
**Konditor(en) (der)** pâtissier
**König(e) (der)** roi
**können*** pouvoir
**Kontrabass(¨-e) (der)** contrebasse
**Konzert(e) (das)** concert
**konzipieren** concevoir
**Kopf(¨-e) (der)** tête
**Kopfhörer(-) (der)** écouteur
**Korb(¨-e) (der)** corbeille, panier
**Körper(-) (der)** corps
**kosten** coûter
**krank** malade
**kratzen** gratter
**kreativ** créatif, ve
**kreieren** créer
**Kreis(e) (der)** cercle
**Kreuz(e) (das)** croix
**Kreuzung(en) (die)** carrefour
**Krieg(e) (der)** guerre
**Kröte(n) (die)** crapaud
**Küche(n) (die)** cuisine
**Kuchen(-) (der)** gâteau
**Kuh(¨-e) (die)** vache
**Kuli(s) (der)** stylo à bille
**kümmern (sich)** s'occuper (de)
**Kunst(¨-e) (die)** art
**Künstler(-) (der) / Künstlerin(nen) (die)** artiste
**künstlerisch** artistique
**Kunstwerk(e) (das)** œuvre d'art
**Kurs(e) (der)** cours
**kurz** court, e
**küssen** embrasser
**Küste(n) (die)** côte (mer)

## L

**lächeln** sourire
**lachen** rire
**lächerlich** ridicule
**Laden(¨-) (der)** boutique
**Lage(n) (die)** situation
**Lamm(¨-er) (das)** agneau
**Land(¨-er) (das)** pays, campagne
**landen** atterrir
**Landwirt(e) (der)** agriculteur
**lang** long, longue
**Langeweile (die)** ennui
**langsam** lent, e, lentement
**langweilig** ennuyeux, euse
**Laptop(s) (der/das)** ordinateur portable
**lassen*** laisser
**laufen*** courir
**laut** fort, e, bruyant, e
**Laut(e) (der)** son
**lauten** avoir pour contenu
**läuten** sonner
**lauter** rien d'autre que
**Lautsprecher(-) (der)** haut-parleur
**Layout(s) (das)** mise en page
**leben** vivre
**Leben(-) (das)** vie
**lebendig** vivant, e
**Lebensmittel(-) (das)** aliment
**lebenswichtig** vital, primordial
**lecker** délicieux, euse
**legen** coucher, poser à plat
**Lehre(n) (die)** apprentissage
**Lehrer(-) der / Lehrerin(nen) (die)** professeur
**leicht** facile, léger, ère
**leider** malheureusement
***leid*tun** regretter
**leise** silencieux, euse

**Leiter(-) (der) / Leiterin(nen) (die)** directeur, directrice
**lernen** apprendre
**lesen*** lire
**Lettisch** letton (langue)
**letzt-** dernier, ière
**Leute (pl.)** gens
**Licht(er) (das)** lumière
**lieben** aimer
**Lieblings-** préféré, e
**Lied(er) (das)** chanson
**liegen*** être couché
**Lineal(e) (das)** règle
**links** à gauche
**Look(s) (der)** look
**lösen** résoudre
***los*gehen*** partir, commencer
**Lösung(en) (die)** solution
**Luft (die)** air
**Lust (die)** envie
**lustig** drôle, amusant, e
**Luxemburg** Luxembourg

## M

**machbar** faisable
**machen** faire
**Mädchen(-) (das)** fille
**Mahlzeit(en) (die)** repas
**Mail(s) (die)** courriel, mél
**Mal(e) (das)** fois
**malen** peindre
**Maler(-) (der) / Malerin(nen) (die)** peintre
**man** on
**manchmal** parfois
**Mann(¨er) (der)** homme
**Mannschaft(en) (die)** équipe
**Mantel(¨) (der)** manteau
**Mäppchen(-) (das)** trousse
**Märchen(-) (das)** conte
**Marke(n) (die)** marque
**Marker(-) (der)** marqueur
**markieren** tracer, surligner
**Markt(¨e) (der)** marché
**Material(ien) (das)** matériel, matériau
**Mauer(n) (die)** mur
**Maulwurf(¨e) (der)** taupe
**Medaille(n) (die)** médaille
**Medium (-en) (das)** média
**Meer(e) (das)** mer
**mehr** plus
**Mehrfamilienhaus(¨er) (das)** petit immeuble collectif
**Mehrheit (die)** majorité
**meinen** penser
**Meinung(en) (die)** opinion, avis
**meisten (die)** la plupart
**meistens** la plupart du temps
**melden (sich)** se manifester, demander la parole
**Mensa (-en) (die)** cantine
**Mensch(en) (der)** homme, être humain, personne
**Mensch!** Nom d'un chien !
**Menü(s) (das)** menu
**merken (sich)** remarquer, noter
**Messer(-) (das)** couteau
**mies** minable
**Mikrofon(e) (das)** micro
**Milch (die)** lait
**mimen** mimer
**Minute(n) (die)** minute
**mischen** mélanger
**mit** avec
***mit*kommen*** accompagner
***mit*machen** participer
***mit*nehmen*** emmener
**Mitschüler(-) (der) / Mitschülerin(nen) (die)** camarade de classe
**Mittag (der)** midi
**Mittagessen(-) (das)** déjeuner
**Mittel(-) (das)** moyen
**Mittelfeld (das)** centre (terrain de football)
**mitten in** au milieu de
**Mittwoch (der)** mercredi
**Möbel(-) (das)** meuble
**Mode(n) (die)** mode
**Model(s) (das)** modèle (mode, photo)
**Modell(e) (das)** modèle (objet)
**Moderator(en) (der) / Moderatorin(nen) (die)** présentateur, trice, animateur, trice
**moderieren** présenter, animer (émission, débat)
**modern** moderne
**mögen*** aimer, avoir envie de
**möglich** possible
**Möglichkeit(en) (die)** possibilité
**Monat(e) (der)** mois
**Mond (der)** lune
**Montag (der)** lundi
**morgen** demain
**Morgen (der)** matin
**morgens** le matin
**motiviert** motivé, e
**Motorrad(¨er) (das)** moto
**Mountainbike(s) (das)** VTT
**müde** fatigué, e
**muffig** qui sent le renfermé
**Mühe(n) (die)** peine
**Müll (der)** déchet
**Mülltrennung (die)** tri des déchets
**Mund(¨er) (der)** bouche
**Museum (-en) (das)** musée
**Musical(s) (das)** comédie musicale
**Musik (die)** musique
**musikalisch** musical, e
**Musiker(-) (der) / Musikerin(nen) (die)** musicien, ne
**müssen*** devoir (être obligé de)
**Mut (der)** courage
**mutig** courageux, euse
**Mutter(¨) (die)** mère
**Mütze(-n) (die)** casquette

## N

**nach** après ; vers, à (directif)
**Nachbar(n) (der) / Nachbarin(nen) (die)** voisin, e
***nach*denken*** réfléchir
**Nachmittag(e) (der)** après-midi
**nachmittags** l'après-midi
**Nachricht(en) (die)** message, nouvelle
***nach*sprechen*** répéter
**nächst-** prochain, e, le/la plus proche
**Nacht(¨e) (die)** nuit
**Nähe (die)** proximité
**Nahrung (die)** nourriture
**Name(n) (der)** nom
**Nase(n) (die)** nez
**Natur (die)** nature
**natürlich** naturellement
**Nebel (der)** brouillard
**neben** à côté de
**nehmen*** prendre
**nennen*** nommer
**nerven** énerver
**nervig** énervant, e
**nervös** nerveux, euse
**nett** gentil, ille, agréable
**Netzwerk(e) (das)** réseau
**neu** nouveau, elle
**neugierig** curieux, euse
**neulich** récemment
**Newsletter (der)** newsletter
**nicht** ne … pas (négation)
**nichts** rien
**nie, niemals** jamais
**noch** encore
**nochmals** de nouveau
**Norden (der)** nord
**Nordsee (die)** mer du Nord
**notieren** noter
**Notiz(en) (die)** note
**Nummer(n) (die)** numéro
**nun** maintenant
**nur** seulement
**nutzen** utiliser
**nützlich** utile

## O

**Obst (das)** fruits (pl.)
**öffnen** ouvrir
**oft** souvent
**öfters** assez souvent
**ohne** sans
**Ohrring(e) (der)** boucle d'oreille
**ökologisch** écologique
**Oma(s) (die)** grand-mère, mamie
**Onkel(-) (der)** oncle
**Opa(s) (der)** grand-père, papi
**Oper(n) (die)** opéra
**optimistisch** optimiste
**Ordnung (die)** ordre
**originell** original
**Ort(e) (der)** lieu

**Osten (der)** est
**Ostern** Pâques
**Österreich** Autriche
**Ostsee (die)** mer Baltique

## P

**packen** faire sa valise
**Paket(e) (das)** paquet
**Pantomime (die)** pantomime
**Pappe(n) (die)** carton
**Park(s) (der)** parc
**parken** (se) garer
**Parkplatz(¨-e) (der)** parking, place de parking
**Party(s) (die)** soirée, fête
**passen** convenir
**passend** qui convient
**passiv** passif, ve
**Pause(n) (die)** pause, récréation
**Person(en) (die)** personne
**pessimistisch** pessimiste
**Pflanze(n) (die)** plante
**pflegen** soigner, s'occuper de
**Pflegestelle(n) (die)** centre de soins
**Pfote(n) (die)** patte (animal)
**Philharmonie (die)** philharmonie
**picknicken** pique-niquer
**Plakat(e) (das)** affiche
**Plan(¨-e) (der)** plan, projet
**planen** projeter
**Plastiktüte(n) (die)** sac plastique
**Platz(¨-e) (der)** place
**plötzlich** soudain
**Pommes (pl.)** frites
**Posaune(n) (die)** trombone
**Post (die)** poste
**Posting(s) (das)** message posté (réseaux sociaux)
**Praktikum (-a) (das)** stage
**praktisch** pratique
**Preis(e) (der)** prix
**Preisverleihung(en) (die)** remise des prix
**privat** privé, e
**Probe(n) (die)** répétition
**proben** répéter
**probieren** goûter, essayer
**produzieren** produire
**Profi(s) (der)** professionnel, le
**profitieren** profiter
**Programm(e) (das)** programme
**programmieren** programmer
**Projekt(e) (das)** projet
**Promi(s) (der)** célébrité, vedette
**Prospekt(e) (der)** prospectus
**Protokoll(e) (das)** procès-verbal
**prusten** pouffer de rire
**Publikum (das)** public
**Punkt(e) (der)** point

## Q

**Quadrat(e) (das)** carré
**Quälerei (die)** tourment, torture

## R

**Rabatt(e) (der)** réduction, remise
**Rad(¨-er) (das)** vélo, roue
***Rad* fahren** faire du vélo
**Radiergummi(s) (der)** gomme
**Radtour(en) (die)** promenade à vélo
**Radweg(e) (der)** piste cyclable
**Rahmen(-) (der)** cadre
**Rand(¨-er) (der)** bord
**Rat (Ratschläge) (der)** conseil
**raten*** deviner, conseiller
**Rathaus (das)** hôtel de ville
**Raum(¨-e) (der)** pièce, espace
**Realschule(n) (die)** collège
***Recht* haben*** avoir raison
**rechts** à droite
**recyceln** recycler
**reden** parler
**reduziert** à prix réduit
**Refrain(s) (der)** refrain
**Regal(e) (das)** étagère
**Regel(n) (die)** règle (principe)
**regelmäßig** régulièrement
**Regenschirm(e) (der)** parapluie
**Regisseur(e) (der)** metteur en scène
**regnen** pleuvoir
**regnerisch** pluvieux, euse
**reich** riche
**reichhaltig** riche en contenu
**Reihe(n) (die)** rang
**Reihenfolge(n) (die)** succession, ordre chronologique
**reinigen** nettoyer
**Reise(n) (die)** voyage
**Reiseleiter(-) (der) / Reiseleiterin(nen) (die)** guide
**reisen** voyager
**reißen*** arracher, déchirer (se)
**reiten*** faire du cheval
**rennen*** courir
**renovieren** rénover
**Reparatur(en) (die)** réparation
**Reportage(n) (die)** reportage
**Restaurant(s) (das)** restaurant
**retten** sauver
**Rezept(e) (das)** recette
**Rhein (der)** Rhin
**richtig** correct, e
**riechen*** sentir
**riesengroß, riesig** gigantesque
**Riesenrad (das)** grande roue
**Ring(e) (der)** anneau
**Risiko (-en) (das)** risque
**Robbe(n) (die)** phoque
**Rock(¨-e) (der)** jupe
**Rohr(e) (das)** tuyau, canalisation
**Rolle(n) (die)** rôle
**Rollstuhl(¨-e) (der)** fauteuil roulant
**Roman(e) (der)** roman
**rot** rouge
**Rückfahrt(en) (die)** voyage retour
**Rückkehr (die)** retour, réapparition
**Rucksack(¨-e) (der)** sac à dos
**rudern** faire de la rame
**rufen*** appeler
**Ruhe (die)** calme (le)
**ruhig** calme
**Rundfahrt(en) (die)** circuit

## S

**Sache(n) (die)** affaire, chose
**sagen** dire
**sammeln** rassembler, collectionner
**Samstag (der)** samedi
**Sänger(-) (der) / Sängerin(nen) (die)** chanteur, chanteuse
**Sanitäter(-) (der) / Sanitäterin(nen) (die)** secouriste
**Satz(¨-e) (der)** phrase
**sauber** propre
**Sauberkeit (die)** propreté
**säubern** nettoyer
**Saxofon(e) (das)** saxophone
**Scanner(-) (der)** scanner (le)
**schade** dommage
**Schaf(e) (das)** mouton
**schaffen** réussir
**Schatten(-) (der)** ombre
**Schatz(¨-e) (der)** trésor
**schätzen** évaluer, estimer
**Schaubild(er) (das)** diagramme
**schauen** regarder
**Schaufenster(-) (das)** vitrine
**Schauspiel(e) (das)** pièce de théâtre
**Schauspieler(-) (der) / Schauspielerin(nen) (die)** acteur, actrice
**scheinen*** briller, sembler
**schenken** offrir
**schicken** envoyer
**schieben*** pousser, repousser
**Schiff(e) (das)** bateau
**Schild(er) (das)** panneau
**schimpfen** gronder, pester
**schlafen*** dormir
**Schlag(¨-e) (der)** coup
**schlagen*** frapper, taper
**Schlaginstrument(e) (das)** percussions (pl.)
**Schlagzeug(e) (das)** batterie
**schlank** mince
**schlecht** mauvais, e
**schließen*** fermer
**schließlich** enfin, finalement
**schlimm** grave
**Schluss(¨-e) (der)** fin, conclusion
**Schlüssel(-) (der)** clé
**schmal** étroit
**schmecken** être bon (aliment)
**schneien** neiger

**schnell** vite, rapide
**schon** déjà
**schön** beau, belle
**Schrank(¨-e) (der)** armoire
**schrecklich** horrible
**schreiben*** écrire
**schreien*** crier
**Schrift(en) (die)** écrit (texte)
**Schriftsteller(-) (der) / Schriftstellerin(nen) (die)** écrivain, e
**schüchtern** timide
**Schuh(e) (der)** chaussure
**Schule(n) (die)** école
**Schüler(-) (der) / Schülerin(nen) (die)** élève
**Schülervertretung (die)** conseil des délégués élèves
**Schulkonferenz (die)** conseil de classe
**Schürze(n) (die)** tablier
**Schüssel(n) (die)** plat
**Schutz (der)** protection
**schützen** protéger
**Schwäche(n) (die)** faiblesse
**schwarz** noir, e
**Schwarzwald (der)** Forêt-Noire
**schweigen*** se taire
**Schweiz (die)** Suisse
**schwer** lourd, e, difficile
**Schwester(n) (die)** sœur
**schwierig** difficile
**Schwimmbad(¨-er) (das), Schwimmhalle(n) (die)** piscine
**schwimmen*** nager
**Schwimmer(-) (der) / Schwimmerin(nen) (die)** nageur, nageuse
**schwören*** jurer
**See(n) (der)** lac
**See(n) (die)** mer
**Seele(n) (die)** âme
**segeln** faire de la voile
**sehen*** voir
**Sehenswürdigkeit(en) (die)** curiosité touristique
**sehr** très
**sein*** être
**seit** depuis
**Seite(n) (die)** page, côté
**selbst** même
**selten** rare, rarement
**Sender(-) (der)** émetteur
**Sendung(en) (die)** émission
**Senior(en) (der)** senior, personne âgée
**seriös** sérieux, euse
**setzen (sich)** s'asseoir, poser
**shoppen** faire du shopping
**sicher** sûr, e
**siegen** vaincre
**singen*** chanter
**sitzen*** être assis
***sitzen* bleiben*** redoubler (une classe)
**Sitzung(en) (die)** séance, réunion
**skaten** faire du skate
**Skatepark(s) (der)** piste de skate
**skeptisch** sceptique
**Ski(er) (der)** ski
**Skifahrer(-) (der) / Skifahrerin(nen) (die)** skieur, skieuse
**Skizze(n) (die)** esquisse, croquis
**Smartphone(s) (das)** smartphone
**Sofa(s) (das)** canapé
**sofort** immédiatement
**sogar** même
**Sohn(¨-e) (der)** fils
**Soldat(en) (der)** soldat
**solidarisch** solidaire
**Sommer (der)** été
**Song(s) (der)** chanson
**Sonne (die)** soleil
**sonnen (sich)** se faire bronzer
**sonnig** ensoleillé, e
**Sonntag (der)** dimanche
**Sorge(n) (die)** souci
**sorgen** s'occuper de
**Spaß (der)** plaisir
**spät** tard
**später** plus tard, après
**spazieren (gehen*)** se promener
**Spaziergang(¨-e) (der)** promenade
**speichern** enregistrer, sauvegarder
**Speise(n) (die)** aliment
**Spezialität(en) (die)** spécialité
**Spiegel(-) (der)** miroir
**Spiel(e) (das)** jeu, match
**spielen** jouer
**Spielplatz(¨-e) (der)** terrain de jeux
**Spielzeug(e) (das)** jouet
**spinnen*** délirer
**Spitzer(-) (der)** taille-crayon
**Sport (der)** sport
**Sportart(en) (die)** spécialité, discipline sportive
**Sporthalle(n) (die)** gymnase
**Sportler(-) (der) / Sportlerin(nen) (die)** sportif
**sportlich** sportif, ve
**Sprache(n) (die)** langue (parlée)
**sprechen*** parler
**Sprechblase(n) (die)** bulle (BD)
**Sprichwort(¨-er) (das)** proverbe
**springen*** sauter
**Spur(en) (die)** trace
**spüren** sentir, ressentir
**Stadion (-en) (das)** stade
**Stadt(¨-e) (die)** ville
**Stadtbummel(-) (der)** balade en ville
**Stadtteil(e) (der)** quartier
**Stahl (der)** acier
**Stammbaum (der)** arbre généalogique
**stammeln** bredouiller
**Stand(¨-e) (der)** stand
**Standpunkt(e) (der)** point de vue
**stark** fort, e
**Stärke(n) (die)** force
**Start (der)** départ, démarrage
**starten** décoller, démarrer
**stationieren** stationner (soldats)
**Statistik(en) (die)** statistique
**statt** au lieu de
***statt*finden*** avoir lieu
**staunen** s'étonner
**Steckbrief(e) (der)** fiche signalétique
**stehen*** être debout, se trouver
**stellen** mettre, poser
**sterben*** mourir
**Stereoanlage(n) (die)** chaîne stéréo
**Stiefel(-) (der)** botte
**Stil(-e) (der)** style
**Stimme(n) (die)** voix
**stimmen (es stimmt)** être exact
**Stimmung(en) (die)** ambiance
**Stock (Stockwerke) (der)** étage
**stören** déranger
**Strafe(n) (die)** punition
**Strand(¨-e) (der)** plage
**Straße(n) (die)** rue
**Straßenbahn(en) (die)** tramway
**Straßenlaterne(n) (die)** lampadaire
**streichen*** peindre (bâtiment)
**Streichinstrument(e) (das)** instrument à cordes
**Streit(e) (der)** dispute
**streiten* (sich)** se disputer
**Streitschlichter(-) (der)** médiateur
**Stress (der)** stress
**Stück(e) (das)** morceau
**Student(en) (der) / Studentin(nen) (die)** étudiant, e
**studieren** étudier
**Studium (-en) (das)** étude
**Stuhl(¨-e) (der)** chaise
**Stunde(n) (die)** heure (durée)
**stundenlang** des heures durant
**Stundenplan(¨-e) (der)** emploi du temps
**stützen (sich)** s'appuyer
**suchen** chercher
**Süden (der)** sud
**Suppe(n) (die)** soupe
**surfen** faire de la planche à voile, surfer
**süß** mignon, ne, sucré, e
**Szene(n) (die)** scène (jouée)

## T

**Tablet(s) (das)** tablette (ordinateur)
**Tablett(s) (das)** plateau
**Tafel(n) (die)** tableau
**Tag(e) (der)** jour
**Tagebuch(¨-er) (das)** journal (intime)
**Tagebucheintrag(¨-e) (der)** note, inscription dans son journal
**Tagesordnung (die)** ordre du jour
**Tageszeitung(en) (die)** quotidien (journal)
**täglich** quotidien, ne
**tagsüber** pendant la journée
**Talent(e) (das)** talent, don
**talentiert** talentueux, euse
**Tante(n) (die)** tante
**Tanz(¨-e) (der)** danse
**tanzen** danser
**Tänzer(-) (der) / Tänzerin(nen) (die)** danseur, seuse
**Tapete(n) (die)** papier peint
**Tasche(n) (die)** sac, poche

**Taschentuch(¨er) (das)** mouchoir
**tauchen** faire de la plongée
**tauschen** échanger
**tausend** mille
**Team(s) (das)** équipe
**teamfähig** qui a l'esprit d'équipe
**Tee (der)** thé
**Teenager(-) (der)** adolescent, teenager
**Teil(e) (der)** partie, part
**teilen** partager
***teil*nehmen*** participer
**Teilnehmer(-) (der) / Teilnehmerin(nen) (die)** participant, e
**Telefon(e) (das)** téléphone
**telefonieren** téléphoner
**Teller(-) (der)** assiette
**Teppich(e) (der)** tapis
**Termin(e) (der)** rendez-vous
**Terminkalender(-) (der)** agenda
**Terrasse(n) (die)** terrasse
**Test(s) (der)** test
**teuer** cher, chère (prix)
**Text(e) (der)** texte
**Theater(-) (das)** théâtre
**Theaterstück(e) (das)** pièce de théâtre
**ticken** faire tic-tac
**Ticket(s) (das)** ticket, billet
**Tier(e) (das)** animal
**Tipp(s) (der)** conseil
**Tisch(e) (der)** table
**Titel(-) (der)** titre
**Tochter(¨) (die)** fille
**Tod (der)** mort
**tödlich** mortel, le
**toll** génial, e
**Ton(¨e) (der)** son
**Tonart (die)** tonalité
**Tor(e) (das)** but (football)
**tot** mort, e
**Tourist(en) (der) / Touristin(nen) (die)** touriste
**Tournee(s) (die)** tournée
**tragen*** porter
**Trailer(-) (der)** bande-annonce
**trainieren** s'entraîner
**Trainer(-) (der) / Trainerin(nen) (die)** entraîneur, neuse
**Training (das)** entraînement
**Träne(n) (die)** larme
**Transportmittel(-) (das)** moyen de transport
**Traum(¨e) (der)** rêve
**träumen** rêver
**traumhaft** rêvé, e, idéal, e
**traurig** triste
**treffen* (sich)** rencontrer (se)
**Treffpunkt(e) (der)** point de rencontre
**treiben* (Sport)** faire du sport
**Trend(s) (der)** tendance
**trendig (sein)** tendance (être)
**trennen (sich)** séparer (se)
**Treppe(n) (die)** escalier
**trinken*** boire
**Trommel(n) (die)** tambour
**trommeln** tambouriner
**Trompete(n) (die)** trompette
**Truppe(n) (die)** troupe
**tschüss** salut, au revoir
**T-Shirt(s) (das)** t-shirt
**tun*** faire
**Tür(en) (die)** porte
**Turm(¨e) (der)** tour
**turnen** faire de la gymnastique
**Turnhalle(n) (die)** gymnase
**Turnier(e) (das)** tournoi
**Turnschuh(e) (der)** chaussure de sport
**Tweet(s) (der)** tweet
**typisch** typique

## U

**U-Bahn(en) (die)** métro
**üben** s'exercer
**über** au-dessus de
**überall** partout
**überhaupt** au juste, vraiment
**überkommen*** être saisi(e) par
**überlegen (sich)** réfléchir
**übernachten** passer la nuit
**übernehmen*** reprendre, endosser
**überqueren** traverser
**Überraschung(en) (die)** surprise
**Überschrift(en) (die)** titre
**übersetzen** traduire
**übertreiben*** exagérer
**überwachen** surveiller
**überzeugt** persuadé, e
**üblich** courant
***übrig*bleiben*** rester
**Übung(en) (die)** exercice
**Uhr(en) (die)** horloge, montre, heure
**umarmen** embrasser, prendre dans ses bras
***um*bauen** transformer
***um*drehen (sich)** se retourner
**Umfrage(n) (die)** sondage, enquête
**umgeben*** entourer
**umsonst** en vain
**Umwelt (die)** environnement
**umweltfreundlich** écologique, favorable à l'environnement
***um*ziehen*** déménager
**Umzug(¨e) (der)** déménagement, défilé
**unbedingt** absolument
**und** et
**Unfall(¨e) (der)** accident
**unfreundlich** désagréable
**ungeduldig** impatient, e
**ungefähr** environ
**ungesund** mauvais pour la santé
**unheimlich** énormément
**unhöflich** impoli, e
**unordentlich** en désordre
**Unruhe(n) (die)** agitation, désordre
**unsicher** incertain, e
**unsichtbar** invisible
**unten** en dessous
**Untergeschoss (das)** sous-sol (immeuble)
**unterhalten* (sich)** discuter
**Unternehmen(-) (das)** entreprise
**Unterricht (der)** enseignement
**unterscheiden*** différencier
**Unterschied(e) (der)** différence
**unterschiedlich** différent, e
**unterschreiben*** signer
**Urlaub (der)** vacances, congé
**USB-Stick(s) (der)** clé USB

## V

**Vater(¨) (der)** père
**Vaterland (das)** patrie
**Vegetarier(-) (der) / Vegetarierin(nen) (die)** végétarien, ne
**vegetarisch** végétarien, ne (adj.)
**verabredet** avoir un rendez-vous
**verändern** modifier
**Veranstaltung(en) (die)** événement (organisé), manifestation,
**verantwortlich** responsable
**verbessern** améliorer
**verbinden*** relier
**verbringen*** passer (un moment)
**Verein(e) (der)** association
**vereinbaren** concilier
**verfassen** rédiger
**verfilmen** adapter au cinéma
**Verfilmung(en) (die)** adaptation (film)
**Verfügung (zur)** à disposition
**vergeben*** décerner
**vergessen*** oublier
**vergleichen*** comparer
**verheiratet** marié, e
**verkaufen** vendre
**Verkäufer(-) (der) / Verkäuferin(nen) (die)** vendeur, euse
**Verkehr (der)** circulation
**Vehrkehrsampel(n) (die)** feu tricolore
**Verkehrsmittel(-) (das)** moyen de transport
**verknallt** fou amoureux, euse
**verkrampfen (sich)** se crisper
**verlassen*** quitter, abandonner
**verletzen** blesser
**verletzt** blessé, e, vexé, e
**verliebt** amoureux, euse
**verlieren*** perdre
**vermissen** manquer
**veröffentlichen** publier
**Vers(e) (der)** vers
**verschieden** différent, e
**verschmutzen** salir, polluer
**verschönern** embellir
**verschwinden*** disparaître
**versprechen*** promettre
**verstehen*** comprendre
**versuchen** essayer (de faire qqch.)
**vertonen** mettre en musique
**vertreten*** représenter
**Vertreter(-) (der) / Vertreterin(nen) (die)** représentant, e
**verunglücken** être victime d'un accident
**verwandeln** transformer

**verwechseln** confondre
**verwirklichen** réaliser
**verzweifelt** désespéré, e
**Video(s) (das)** vidéo
**viel** beaucoup
**vielleicht** peut-être
**Viertel(-) (das)** quart, quartier
**Viertelstunde(n) (die)** quart d'heure
**Vogel(¨) (der)** oiseau
**Vokabel(n) (die)** mot
**voll** plein, e
**völlig** totalement
**von** de
**vor** avant, devant
**vorbei** passé, e, terminé, e
***vor*bereiten** préparer
**Vorbild(er) (das)** modèle, exemple
**vorgestern** avant-hier
***vor*haben*** avoir prévu de, avoir l'intention de
**vor kurzem** récemment
***vor*lesen*** lire à voix haute
**Vormittag(e) (der)** matinée
**Vorname(n) (der)** prénom
**Vorsatz(¨e) (der)** résolution
**Vorschlag(¨e) (der)** proposition
***vor*schlagen*** proposer
**Vorsicht!** Attention !
**vorsichtig** prudent, e
***vor*stellen (sich)** présenter (se)
**Vorstellung(en) (die)** représentation
***vor*tragen*** présenter, réciter
**Vorurteil(e) (das)** préjugé

## W

**wählen** choisir, élire
**Wahnsinn!** C'est fou !
**wahr** vrai, e
**während** pendant
**Wahrzeichen(-) (das)** emblème
**Wald(¨er) (der)** forêt
**Wand(¨e) (die)** mur
**Wandel (der)** changement
**wandern** faire de la randonnée
**Wanderung(en) (die)** randonnée
**Wange(n) (die)** joue
**wann** quand
**Ware(n) (die)** produit, marchandise
**warm** chaud, e
**wärmen** réchauffer
**Warnschild(er) (das)** panneau de danger
**warten** attendre
**warum** pourquoi
**was** que, quoi
**waschen*** laver
**Wasser (das)** eau
**Webseite(n) (die)** page web
**Wecker(-) (der)** réveil
**weg sein** être parti, e
**Weg(e) (der)** chemin
**wegen** à cause de
***weg*streichen*** rayer
***weg*werfen*** jeter
**weiblich** féminin
**Weide(n) (die)** pâturage, saule
**Weihnachten** Noël
**weil** parce que
**Weile(n) (die)** moment
**Wein(e) (der)** vin
**weiß** blanc, blanche
**weit** loin
**weiter-** continuer à (en préfixe)
**welcher, e, es** quel, quelle
**Welle(n) (die)** vague
**Welt (die)** monde
**wenig** peu
**weniger** moins
**wenn** si, chaque fois que
**wer, wen, wem** qui, à qui
**werben*** faire de la publicité
**Werbespot(s) (der)** spot publicitaire
**Werbung (die)** publicité
**werden*** devenir
**werfen*** jeter
**Werk(e) (das)** œuvre
**Werkstatt(¨en) (die)** atelier
**wertvoll** de valeur
**Westen (der)** ouest
**weswegen** pourquoi
**Wettbewerb(e) (der)** concours
**Wetter (das)** temps (qu'il fait)
**wichtig** important, e
**wie** comment
**wieder** de nouveau, encore
**wiederholen** répéter
**wiegen** bercer
**Wiese(n) (die)** prairie
**willkommen** bienvenu, e
**Wind(e) (der)** vent
**windig** venteux, euse
**Winter (der)** hiver
**wirken** avoir un effet
**wirklich** réel, le
**Wirklichkeit (die)** réalité
**Wirkung(en) (die)** effet
**wissen*** savoir
**Wissenschaft(en) (die)** science
**wissenschaftlich** scientifique
**Witz(e) (der)** blague
**wo** où
**Woche(n) (die)** semaine
**Wochenende(n) (das)** week-end
**woher** d'où (origine)
**wohin** où (direction)
**wohl** bien
**Wohnblock(s) (der)** immeuble
**wohnen** habiter
**Wohngebäude(-) (das)** immeuble
**Wohnheim(e) (das)** foyer
**Wohnort(e) (der)** domicile
**Wohnung(en) (die)** appartement
**Wohnzimmer(-) (das)** salle de séjour
**Wolf(¨e) (der)** loup
**wollen*** vouloir
**Workshop(s) (der)** atelier
**Wort(¨er) (das)** mot
**Wörterbuch(¨er) (das)** dictionnaire
**wunderbar** extraordinaire
**wunderschön** magnifique
**Wunsch(¨e) (der)** souhait
**wünschen** souhaiter
**Würfel(-) (der)** dé
**Wurst (die)** saucisse, charcuterie
**Wut (die)** rage
**wütend** furieux, euse

## Z

**zahlen** payer
**zählen** compter
**Zahn(¨e) (der)** dent
**Zaun(¨e) (der)** clôture
**Zeichen(-) (das)** signe
**Zeichentrickfilm(e) (der)** dessin animé
**zeichnen** dessiner
**Zeichnung(en) (die)** dessin
**zeigen** montrer
**Zeit(en) (die)** temps (qui passe)
**Zeitangabe(n) (die)** indication de temps
**Zeitleiste(n) (die)** frise chronologique
**Zeitung(en) (die)** journal
**Zelt(e) (das)** tente
**zelten** camper, faire du camping
**Zentrum (-en) (das)** centre
**Zettel(-) (der)** fiche, feuille
**ziehen*** tirer, aller
**Ziel(e) (das)** but
**ziemlich** relativement, assez
**Zigarette(n) (die)** cigarette
**Zimmer(-) (das)** chambre, pièce
**Zirkus (der)** cirque
**Zitat(e) (das)** citation
**zittern** trembler
**Zucker(-) (der)** sucre
***zu*decken** couvrir
**zufällig** par hasard
**zuerst** d'abord, en premier
**Zug(¨e) (der)** train
***zu*greifen*** saisir, se servir
**Zugvogel(¨) (der)** oiseau migrateur
***zu*hören** écouter
**Zuhörer(-) (der) / Zuhörerin(nen) (die)** auditeur, auditrice
**Zungenbrecher(-) (der)** virelangue
***zu*ordnen** attribuer, associer
**zurück** en arrière, de retour (refaire le chemin inverse)
***zurück*fahren*** revenir
***zurück*kehren** revenir
***zurück*rufen*** rappeler au téléphone
**zusammen** ensemble
***zusammen*bringen*** rassembler, réunir
***zusammen*fassen** résumer
**Zusammenfassung(en) (die)** résumé
***zusammen*passen** aller ensemble
**Zuschauer(-) (der)** spectateur
**Zweck(e) (der)** objectif, sens
**zweit (zu)** à deux

N° de projet: 10228691 - Dépôt légal: avril 2017
Imprimé en Espagne par Gráficas Estella

## Crédits photographiques

### Couverture

**H** Paul Langrock/Zenit-Laïf/RÉA ; **Mg** DaLiu/Shutterstock ; **Mm** Julia Otto/Westend61/AGE ; **Md** Uwe Umstätter/Westend61/AGE ; **B** Igor Plotnikov/Shutterstock

**11** Rainer Raffalski ; **12** TayDucLam/Pressesports ; **13 g** Billionsphotos.com/Adobe Stock ; **13 m** Contrastwerkstatt/Adobe Stock ; **13 d** Pressmaster/Adobe Stock ; **14** Yves Damin/Fotolia ; **16 h** Floye Lynne/Adobe Stock ; **16 bg** Alamy/Photo12 ; **16 bd** Monkey Business/Adobe Stock ; **20 g** Deedl/Shutterstock ; **20 d** Catherine Delahaye/Getty ; **21 h** Olena Zaskochenko/Shutterstock ; **21 mg** F. Gierth/Arco/AGE ; **21 d** Plantu ; **21 b** © Claussen+Putz Filmproduktion GmbH ; **23 h** Les Rêves Dansants, DVD édité par Jour2fête, www.jour2fete.fr © Jour2fête ; **23 m** David Ebener/DPA/AFP ; **23 b** © Jour2fête/D.R. ; **25** Photo12/Alamy ; **26** © Studio71/D.R. ; **27 h** Timof/Shutterstock ; **27 b** chetverikov/Fotolia ; **28 h** svetikd/Shutterstock ; **28 b** hramovnick/Shutterstock ; **30 h** © Universal Music/Polydor/D.R. ; **30 b** Ollyy/Shutterstock ; **34 h** Heinz Köster/Ullstein Bild/Getty Images ; **34 b** illustration de Walter Trier/Akg-images ; **35** © Bavaria Media GmbH/D.R. ; **39** Gonzalo Azumendi/Laïf/RÉA ; **40 h** Lutic/Shutterstock ; **40 bg** mRGB/Adobe Stock ; **40 bd** Alamy/Photo12 ; **41 hg** Kennan Harvey/Aurora/AGE ; **41 bg** JFL Photography/Adobe Stock ; **41 d** Anna-Mari West/Shutterstock ; **42 hg** Philipus/Adobe Stock ; **42 hd** Incamerastock/Photononstop ; **42 m** Gordon Welters/Laïf/RÉA ; **42 bg** Georg Knoll/Laïf/RÉA ; **44 h** Stadtarchiv Tübingen ; **44 b** Daniel Fuhrhop ; **45 h** Alexander Kupsch/Ullstein Bild/Akg-Images ; **45 bg** Snap Fotodesign/AGE ; **45 bd** Satura/Adobe Stock ; **46** La papaye verte ; **46 bmd** rdnzl/Fotolia ; **48 h** © SR/DEUTSCHE WELLE ; **48 b** Alamy/Photo12 ; **49 h** Orst Ossinger/Picture Alliance-DPA/MaxPPP ; **49 m** Ian Masterton/AGE ; **50** Daniel Schönen/ImageBroker/AGE ; **51 h** Roy Jankowski/AGE ; **51 b** Jörg Carstensen/EPA/MaxPPP ; **52** Zollhafen Mainz, office building ZigZag © CA Immobilien Anlagen AG ; **53** Tim Brakemeier/DPA/MaxPPP ; **54 h** Reinhard Klawitter ; **54 bd** zeynurbabayev/Fotolia ; **54 bg** UbjsP/Shutterstock ; **55** Narong Jongsirikul/Shutterstock ; **58 h** Sachsen_WWF_Jugend ; **58 m** Friso Gentsch/DPA/Picture Alliance/MaxPPP ; **58 b** VGstockstudio/Shutterstock ; **59 h** Rainer Unkel/REA ; **59 m** monticello/Shutterstock ; **59 bg** kmsh/Shutterstock ; **59 bd** Bodo P. Schmitz ; **60** Suzanne Tucker/Shutterstock ; **62 h** © WWF Deutschland/You can download teaching materials in german on www.wwf.de/bildung ; **62 b** eichhoernchen-schutz.de ; **63 h** Thomas Hinsche/BIA/Minden Pictures/Biosphoto ; **63 b** Patrick Pleul/dpa/Picture Alliance/MaxPPP ; **64** Susy Utzinger Stiftung für Tierschutz ; **65** Thomas Kiehl ; **66** Gabriele Vaquette ; **67** Alamy/Photo12 ; **69 g** Chad Buchanan/GC Images/Getty Images ; **69 d** Michael Kremer/Geisler-Fotopress/Picture Alliance/MaxPPP ; **70 h** itiir/Fotolia ; **70 m** Clive Barda/Top Foto/Roger-Viollet ; **70 b** Brill/Ullstein Bild/Getty Images ; **72 h** Berliner Philharmonie GmbH ; **72 b** Alamy/Photo12 ; **73** Brill/Ullstein Bild/Getty Images ; **74 bd** © devidem/Fotolia ; **74 bg** Alamy/Photo12 ; **76 hg** Kohring/Nord Photo/Picture Alliance/MaxPPP ; **76 hd** Jazz Archiv/Picture Alliance/MaxPPP ; **76 b** © Salzburger Festspiele/D.R. ; **77 h** musikalischer-adventskalender.de ; **77 b** photo © by mannschaftsgold GmbH & Co KG ; **79 h** © MG Sound/D.R. ; **79 b** De Agostini Picture Library/A. Dagli Orti/Aurimages ; **81** Alamy/Photo12 ; **82 h** goodluz/Shutterstock ; **82 b** PF-Images/Fotolia ; **83** Christian Walgram/Gepa Pictures ; **84 hg** georgejmclittle/Fotolia ; **84 hm** Production Perig/Fotolia ; **84 hd** gmstockstudio/Fotolia ; **84 mg** Natalia Merzlyakova/Fotolia ; **84 mm** alentin Valkov/Fotolia ; **86 h** Deutscher Schülerzeitungspreis ; **86 b** thelinke/Getty Images ; **87** jugendpresse.de/akademie ; **88** Alamy/Photo12 ; **90 h** © Wald und Holz NRW ; **90 b** Christiane Weyres/Fotolia ; **91 h** NABU-Naturschutzbund Deutschland/J. Borris, NABU/J. Noack, Blickwinkel ; **91 m** Fredrik Telleus/Maskot/plainpicture ; **91 b** chetverikov/Fotolia ; **92** Pons ; **93** gstockstudio/Fotolia ; **94** schillerschule-offenbach.de ; **95** Sam Edwards/Calaimage/Getty ; **96** Jim Ruymen/UPI/MaxPPP ; **97 g** Picture Alliance-DPA/MaxPPP ; **97 mg** Simon Lees/Rhythm Magazine/Getty ; **97 md** Luca Teuchmann/WireImage/Getty ; **97 d** Kay Nietfeld/DPA/AFP ; **98** Valery Hache/AFP ; **100 d** chetverikov/Fotolia ; **100 g** Goodluz/Shutterstock ; **101** Hindustan Times/Getty ; **102 h** Sat1/Prosieben ; **102 bg** Dennis MacDonnald/AGE ; **102 bm** Mauricio Avramov/Shutterstock ; **102 bd** mphot/Shutterstock ; **104 hg** © TechHive/IDG Tech Media GmbH/D.R. ; **104 hd** Gaetan Bally/Keystone AG ; **104 b** © & TM by PEZ AG ; **105 h** Adidas ; **105 bg** UHU GmbH & Co KG ; **105 bd** Peter Weiss/Akg-Images ; **107 h** © NOSFERATU, 1921, director: Friedrich Wilhelm Murnau, screenplay: Henrik Galeen/Courtesy of Friedrich-Wilhelm-Murnau-Stiftung ; **107 b** Fox Films/Album/Akg-Images ; **108** Salangsang/BFA/Rex-Shutterstock/Sipa ; **109 hg** Archives Nathan ; **109 hd** C. Bach/Konzept u. Bild/Visum/Andia ; **109 b** Uli Deck/Picture Alliance-DPA/MaxPPP ; **110** © Sing Kinderlieder/www.youtube.com/singkinderlieder **112 h** Akg-Images ; **112 bg** United Archives/Leemage ; **112 bd** Bridgeman Images ; **113** Akg-Images ; **114** Deborah Büdenbender ; **115-117** Hildegard Müller/© Carl Hanser Verlag München 2016 ; **118** Katja Lenz/DPA/MaxPPP ; **119** © Remo Rauscher.

### Crédits sonores

**30** Nur Ein Wort © Universal Music/D.R. ; **112** Der Erlkönig © BBC Worldwide Limited/D.R.